LA COUR
D'UN
PRINCE RÉGNANT,
OU
LES DEUX MAITRESSES;

PAR

LE BARON DE LAMOTHE - LANGON,

AUTEUR

DE M. LE PRÉFET, DE L'ESPION DE POLICE, etc.

⬤

Le reproche en un sens le plus honorable
que l'on puisse faire à un homme, c'est
de lui dire qu'il ne suit pas la cour; il n'y
a sorte de vertus qu'on ne rassemble en lui
par ce seul mot.

LA BRUYÈRE.

⬤

TOME PREMIER.

𝔇𝔢𝔲𝔵𝔦è𝔪𝔢 É𝔡𝔦𝔱𝔦𝔬𝔫.

PARIS.

AMBROISE DUPONT ET Cⁱᵉ., LIBRAIRES,

RUE VIVIENNE, Nº. 16.

1827.

LA COUR

D'UN

PRINCE RÉGNANT,

OU

LES DEUX MAITRESSES.

I.

PARIS. — IMPRIMERIE DE FAIN,
Rue Racine, n°. 4, Place de l'Odéon.

LA COUR
D'UN
PRINCE RÉGNANT,
OU
LES DEUX MAITRESSES;

PAR

E. L. B. DE LAMOTHE-LANGON,

AUTEUR DE MONSIEUR LE PRÉFET, DE L'ESPION
DE POLICE, etc.

Le reproche en un sens le plus honorable
que l'on puisse faire à un homme, c'est
de lui dire qu'il ne sait pas la cour; il n'y
a sorte de vertus qu'on ne rassemble en
lui par ce seul mot.
LA BRUYÈRE.

TOME PREMIER.

Deuxième Édition.

PARIS.
AMBROISE DUPONT ET Cⁱᵉ., LIBRAIRES,
RUE VIVIENNE, N°. 16.

1827.

LA COUR
D'UN
PRINCE RÉGNANT.

CHAPITRE PREMIER.

◊

> La cour n'est jamais dénuée d'un certain nombre de gens à qui l'usage du monde, la politesse ou la fortune tiennent lieu d'esprit et suppléent au mérite.   La Bruyère.

◊

Deux heiduques portant une table magnifique, sur laquelle on avait posé un miroir dont le cadre de vermeil était richement ciselé, entrèrent dans la grande salle de réception du palais de la résidence de.... Quelques laquais et plusieurs femmes de chambre les suivaient portant tous des aiguières, des vases et d'autres ustensiles employés par les dames au service de leur toilette. La table fut placée au milieu de la pièce, et tournée de façon à ce que les rayons du jour ne vinssent pas frapper sur la glace. Cet arrangement nouveau ne put se faire sans quelque bruit; aussi ne tarda-t-on pas à voir accourir le baron de Worms, grand-maréchal de la principauté, qui, d'un air tout à la fois important et fâché, demanda, sans s'adresser en particulier à personne, qui avait pu, en négligeant de le prévenir, ordonner une chose autant inusitée? qui, enfin, osait se permettre la plaisanterie inconsidérée de former le projet de venir s'habiller dans l'appartement de cérémonie de son Altesse régnante? Nul ne se pressant de répondre à sa question, il la renouvelait avec plus d'aigreur et de morgue, lorsque tout à coup une main potelée le heurta légèrement sur l'épaule, et une voix douce lui dit en même temps :

« C'est moi, mon cher baron, c'est moi qui suis le coupable, et la seule que vous deviez songer à punir. »

A ces mots, le baron se retournant, et renfermant au fond de son âme combien tant de familiarité lui déplaisait, répliqua d'un ton riant à la marquise Albini :

« Ah ! madame, que vous êtes aimable ! vos moindres désirs ont un piquant qui charme. C'est une idée très-ingénieuse que d'avoir transformé en cabinet de toilette le salon d'audience de notre souverain. »

— « Baron, est-ce sans flatterie que vous trouvez mon caprice excellent ? »

— « Il est parfait ! divin ! madame ; je ne doute pas que son Altesse, au retour de la chasse, ne soit très-satisfaite de vous voir en ce lieu, qui reçoit tant d'embellissemens par le seul effet de votre présence. »

Le grand-maréchal, il faut en convenir, n'était pas de la première force sur l'article des complimens, quoique, par le devoir de sa charge, il fût investi du soin d'en faire souvent ; mais en ce bas-monde on ne peut tout avoir, et comme les soixante-douze quartiers nobiliaires de M. de Worms étaient à l'abri de la plus sévère critique, on avait cru à la cour du prince Henri que, pour remplir une charge importante, il n'avait pas besoin d'être éloquent.

Cependant le baron n'était pas sans quelque inquiétude : il lui fallait tout à la fois contenter la marquise et plaire à la princesse régnante. Celle-ci, il est vrai, se montrait peu chez son époux : retirée presque constamment dans une maison de plaisance qu'elle avait fait bâtir au bout du parc du château, elle ne venait que très-rarement au palais de la résidence, et seulement dans les cas où elle devait y tenir sa cour. La princesse Amélie, jeune, belle et vertueuse, était néanmoins complétement oubliée par son époux; elle ressentait avec amertume ce funeste abandon sans se plaindre à haute voix, se contentant de gémir en secret. Le prince Henri était bon comme le sont ceux qui n'ont jamais connu l'infortune : il aimait à faire le bien, parce qu'il le croyait un des devoirs de son rang; il ne soupçonnait pas que jamais sa volonté pût éprouver de résistance, car le gouverneur qui l'avait élevé lui jurait souvent que ses sujets étaient sa propriété absolue. Avec de tels principes on eût gâté le meilleur naturel du monde; et pourtant le prince Henri valait mieux encore que tous ceux dont il était environné.

Après cette excursion nécessaire, et qui néanmoins nous a détourné du chemin que nous suivions, il convient de revenir au grand-maréchal qui, comme presque tous les sots, cherchait constamment à se donner de l'importance. Il avait la manie de se placer, dans sa pensée, en une position embarrassante, afin de s'applaudir lui-même de la manière dont il présumait pouvoir en sortir.

« Vraiment, se disait-il tout bas en cette circonstance, voici un cas difficile; ce ne sera pas, certes, un petit mérite que de s'en démêler avec gloire. Madame Albini, par une folie inconcevable, renverse tous nos usages reçus. Du mystère des petits appartemens, elle passe tout à coup au grand jour du palais; cela sera remarqué, cela finira très-certainement par un bruit sans exemple. La princesse le saura bientôt ; je ne doute pas que mon excellente amie, la comtesse de Sebendal, en sa qualité de dame d'honneur de son Altesse, ne se hâte de lui conter l'affaire, avec des embellissemens. Si mon cher parent le grand-échanson se trouve alors avec elle, on me donnera une bonne part en tout ce qui s'est fait ; oui, on m'y mêlera, tout me l'assure : ce sont de ces petits services qu'à la cour on ne manque jamais de se rendre réciproquement. »

Il poursuivait son monologue, et cependant la marquise continuait à s'occuper du soin d'ajouter à ses charmes. Déjà une coiffeuse française, venue à la résidence par l'effet d'une négociation que l'envoyé du prince à Paris avait entamée avec le ministre des affaires étrangères de ce royaume, travaillait à relever le riche édifice des cheveux d'ébène de la dame. Elle faisait ressortir la blancheur d'une peau superbe, et le brillant de deux grands yeux noirs qui lançaient des flammes lorsqu'ils perdaient quelque peu de leur dureté ordinaire.

En ce moment, la comtesse de Sebendal se présenta à la porte de la salle ; quelle que pût être sa surprise à la vue d'un spectacle si inusité, elle n'eut garde de le faire paraître ; elle s'approcha en souriant de la marquise, et toutes les deux se traitèrent réciproquement avec cet air de tendresse et de familiarité intime que savent si bien prendre deux femmes qui ne peuvent se souffrir. La comtesse trouva charmante la fantaisie de madame Albini, et elle fut surpassée encore, en tout ce qu'elle dit d'aimable à ce sujet, par les exagérations du conseiller de régence, M. Hermann, vrai bras droit de la marquise, et qui, en ce moment, vint se mêler à la conversation.

M. Hermann n'était pas certainement le plus habile magistrat du conseil du prince ; il n'était pas, peut-être, de la première force en la science des lois ; mais mieux que tout autre il dressait des chiens pour la chasse, composait le menu d'un souper délicat : et, pour se connaître en vins de France et d'Espagne, on n'eût pas rencontré son pareil dans les divers conseils d'états des souverains de l'Europe, où néanmoins on distingue des gens d'un très-grand mérite en cette partie. A ces qualités essentielles, M. Hermann en joignait d'autres tout aussi utiles pour se pousser à la cour : son corps était d'une souplesse admirable ; il eût pu servir de modèle au serpent, qui eût appris de lui l'art de glisser avec plus d'adresse et de légèreté. Le conseiller était d'une haute taille, et pourtant au château on ne s'en apercevait pas, car presque toujours on le voyait à demi courbé, afin de saluer tout le monde ; imbu qu'il était du principe qu'on fait mieux ses affaires en regardant la terre que le ciel. Il était en général mécontent de ses génuflexions, ne les trouvant jamais assez humbles ; aussi s'était-il élevé d'une manière rapide, et actuellement la première place de la magistrature lui était promise ; il l'attendait du crédit de la marquise Albini, à laquelle le prince ne refusait rien.

M. Hermann, placé derrière le fauteuil de la favorite, de façon à ce que la glace répétât ses gestes, prodiguait ceux de l'enthousiasme et de l'admiration; rien n'était perdu; la marquise voyait tout, et pensait en même temps qu'il serait un excellent chef de la justice, car elle lui avait fait tourner complétement la tête. Cependant la conversation s'épuisait : on avait passé tous les absens en revue ; on avait discuté sur le rouge, les plumes et les fleurs. Chacun trouvait la marquise lente à sa parure ; nul ne voulait pourtant le lui témoigner, lorsque, après avoir légèrement grondé sa première femme de chambre, elle s'adressa à madame de Sebendal :

« Eh bien ! chère comtesse, lui dit-elle, n'aurons-nous rien de nouveau aujourd'hui ? »

— « Peu de chose sans doute, répliqua la dame. Son Altesse vient de Reisberg à la résidence pour tenir sa cour, et je lui présente une nouvelle fille d'honneur. »

— « Quoi ! s'écria la marquise, son Altesse va venir, et vous ne me préveniez pas ! c'est un peu fort, mon excellente amie : voilà des choses qui ne peuvent pas se pardonner. »

— « En quoi pourrais-je vous avoir offensée ? »

— « Comment ! je viens ici pour nous récréer ; j'espérais surprendre le Prince, en lui montrant le salon destiné à ce nouvel emploi, et je pouvais cependant y être rencontrée par son Altesse, et vous ne m'en avertissiez point ! »

— « J'avoue que ma distraction..... »

— « Et vous appelez cela de la distraction ? Eh bien, je lui donnerai moi un nom tout autre. »

Elle dit; et, d'un air assez troublé, elle ordonne que l'on reporte sa toilette dans son cabinet ordinaire, et elle y passe promptement, suivie de tout le cercle que la la comtesse de Sebendal n'abandonne pas. Celle-ci n'était pas sans inquiétude sur les suites de sa malice ; et comme encore ses projets n'étaient pas mûrs, elle n'était point femme à vouloir se brouiller avec la marquise. Des excuses furent à moitié faites, et reçues avec une hauteur désespérante. Madame Albini était Italienne, et elle pardonnait rarement. Mais, voulant changer la conversation dont la tournure l'embarrassait, elle demanda pourquoi la princesse prenait une nouvelle fille d'honneur. Le conseiller, d'un air moitié bon, moitié malin, dit que mademoiselle de Valpurg était, depuis plusieurs mois, incommodée de singulières obstructions, et que....... Il n'en fallut pas davantage pour égayer la marquise. C'était pour elle une fête que d'apprendre la chute d'une personne de son sexe : le vice est si content de se retrouver chez les autres !

« Et qui a-t-on choisi pour la remplacer ? demanda-t-elle négligemment. »

- « Une de mes parentes, madame, répliqua la comtesse ; une jeune personne, fille de ma sœur, orpheline, qui sort d'un vieux château où son éducation a été excessivement négligée, et je vous demande surtout de l'indulgence pour sa figure, sa timidité et sa gaucherie. »

— « Ah! dit alors aigrement une madame d'Oppenheim, présente à la conversation, et complaisante ordinaire de la marquise; en bonne parente, vous avez bien cherché à la guérir de ses défauts depuis trois mois qu'elle est arrivée à la résidence : vous lui avez fait prendre durant cinq heures au moins chaque jour des leçons de maintien et de grâces. Le maître de ma fille, qui est le sien, ne parle que de sa beauté et de l'élégance de sa tournure. »

— « Il faut bien, reprit la comtesse, du ton le plus humble, mais profondément blessée de cette attaque, ne pas abandonner une jeune personne qui va se produire dans un monde nouveau, et dont les avantages physiques sont à peu près toute la fortune; elle se trouverait, sans moi, dans une position assez pénible. »

— « Que ne peut-elle espérer, ma tendre amie, dit la marquise, de l'excellence de votre cœur ! Certes, nous pouvons nous reposer sur vous du soin de la pousser dans le monde ; elle parviendra, j'en suis sûre : votre tendresse peut-être même a déjà, pour elle, regardé bien haut. »

Chaque mot de ce persiflage portait son coup : un courtisan n'est jamais autant blessé que lorsqu'il acquiert la preuve qu'il ne peut tromper ceux auxquels il s'adresse, et la comtesse se trouvait dans ce cas : elle n'avait dit ses projets qu'à une seule personne ; elle ne se les était pas avoués entièrement à elle-même, et déjà chacun en paraissait instruit. La chose était véritablement désespérante ; aussi se garda-t-elle d'en rien témoigner, et, avec un feint abandon, elle dit :

« Je me flatte cependant de trouver dans votre amitié l'appui qui me sera nécessaire lorsque je voudrai m'occuper de son établissement. »

— « Certes je serais fâchée que vous vous adressassiez à d'autres, et mes sentimens vous sont connus. »

Ici la marquise tendit la main à la comtesse; celle-ci la prit dans la sienne, et ces deux dames parurent exprimer la plus expansive amitié.

Sur ces entrefaites, un page vint annoncer à madame de Sebendal que la princesse arrivait. A cette nouvelle, la dame, après avoir recommencé la série des protestations de son attachement à la marquise, la quitta pour se rendre où son devoir l'appelait. Le grand-échanson, M. de Blomanthal, s'offrit à lui donner la main. Dès qu'ils furent hors de l'appartement de l'Italienne:

« Eh bien! cher baron, dit la comtesse, pensez-vous qu'il soit possible d'y tenir davantage? voilà une femme dont l'audace augmente tous les jours. »

— « Il est vrai, répliqua le grand-échanson, qu'elle dépasse les bornes : choisir pour son cabinet de toilette notre grand salon d'audience sans en prévenir personne! Vous pouvez bien assurer son Altesse, que je m'étais expliqué assez vivement sur ce point avant votre arrivée : ah! pourquoi n'est-elle pas venue à votre place! »

— « Hélas ! je l'espérais ; la scène eût été piquante : je ne sais comment la marquise s'en fût tirée. Mais aussi la princesse ne se hâte jamais. »

— «Votre nièce est donc agréée par elle? »

— « Depuis plusieurs mois. »

— « Vous ne m'en aviez rien dit. »

— « Oh ! c'est que pour ces choses le mystère est toujours..... Et puis d'ailleurs cette italienne est si ombrageuse, elle doute tant de ses charmes, quoiqu'elle feigne de les croire tout-puissans, que je n'ai pas voulu lui donner l'éveil, en annonçant long-temps à l'avance une jeune personne dont les attraits... »

— « Elle est donc bien belle ? »

— « C'est un ange de grâce et de beauté. »

— « De l'esprit? »

— « Le plus délicat, je vous jure. »

— « Allons, allons, elle réussira. Ne suis-je pas son parent du côté de son père?»

— « Mais vous avez été nommé son tuteur. »

— « Ah ! que me dites-vous? oui, je le

sais ; ce devoir me sera doux à remplir ; je veux dorénavant en prendre toutes les charges. Vous me présenterez à elle. Comme cette enfant doit être grandie depuis que je ne l'ai vue. Hélas ! pourquoi faut-il que les tracas de nos fonctions nous arrachent au plaisir que nous goûterions dans l'intérieur de nos familles ! »

Cette phrase sentimentale eut sa réponse dans le même sens de la part de la comtesse. Elle demeura charmée, pour cette fois, d'avoir été comprise par le grand-échanson, et, sans parler davantage, ils s'entendirent sur leurs desseins à venir ; mais l'ambition les divisa bientôt.

CHAPITRE II.

◊

Voilà bien des perfections, il n'en faut pas
tant à une fille pour faire fortune.
LE SAGE. *Gilblas*, Liv. vııı, Chap. ıı.

◊

APRÈS le départ de la dame d'honneur et de son chevalier, les diverses personnes admises à la toilette de la marquise Albini se retirèrent également; il ne resta plus avec elle que son amie madame d'Oppenheim et le conseiller aulique d'Hermann : le cercle plus intime se rapprocha.

« Non, dit alors ce dernier, je ne puis rendre tout le plaisir que m'a fait éprouver votre Excellence en persiflant madame de Sebendal, dont chaque jour augmente la morgue et la méchante humeur. »

— « Pour moi, dit madame d'Oppenheim, je ne puis souffrir sa mauvaise foi sans pareille; elle est d'une fausseté inimaginable; mais qui trompe-t-elle? personne. On a des yeux, on a de l'usage, on sait ce qui est, on voit ce qui se passe : oui, depuis trois mois, elle a fait venir et garder en charte privée sa nièce, mademoiselle Louise d'Hertal ; je sais qu'on fonde de grandes espérances sur ses charmes, et ce n'est point pour servir la princesse que cette fille d'honneur sera introduite à la cour. »

La marquise alors : « Voilà de vos malices ordinaires : vous ne pouvez supposer une démarche indifférente à madame de Sebendal. »

— « C'est que jamais elle n'en fit une dont elle n'eût pas envisagé toutes les suites; c'est que je suis certaine qu'elle voudrait séduire le prince par ce moyen... » — « Plaisant moyen! y songez-vous, une petite paysanne qui prend des leçons de savoir-vivre et de bonne tenue depuis trois mois! Allons! allons! y avez-vous bien réfléchi, ma chère? » — « Je pense néanmoins, répliqua Hermann, que l'avis de madame d'Oppenheim n'est point tant à dédaigner qu'il pourrait vous le paraître : il me revient que de toute part on circonvient le prince. Il y a un complot, et certes, belle marquise, vous ne feriez pas mal de vous entourer de tous vos amis, de les mettre surtout dans une position si prépondérante qu'ils puissent être à même de vous servir utilement. Nous sommes seuls, nul de nous ne pense différemment des autres; je puis donc m'expliquer avec toute franchise et sans crainte. Vos succès, madame, les soins délicats que vous rend le prince ont réuni vos ennemis : les gens heureux en trouvent toujours. Je place au premier rang le grand-maréchal, le grand-échanson, la dame d'honneur et le premier ministre. Ce dernier ne vous pardonne pas le dérangement que vous occasionez aux plans ridicules qu'il a formés, à ce qu'il dit, pour le bonheur des sujets de son Altesse. Il ne craint pas de vous attaquer de front : il ne cache ni ses coups ni la haine qu'il vous porte. Homme d'ailleurs des plus ordinaires, sans grandes vues, minutieux, voulant tout voir en détail, croyant que chaque partie de l'administration doit être examinée avec la plus scrupuleuse attention; en un mot, aimé de la multitude, cher à la princesse et haï de la cour. C'est à vous, madame, qu'il appartient de détromper le Prince sur son compte. Vous devez éclairer les yeux de notre maître, lui montrer qu'à son âge, et avec son rare mérite, il ne doit pas se laisser gouverner; ce n'est plus un mentor qui lui est nécessaire; c'est seulement un aide, un ami, et si vous m'en croyez enfin, que ce soit particulièrement le plus dévoué de vos esclaves. Quant à l'autre couple, il se gardera bien de vous attaquer à force ouverte : un tel effort lui est impossible; il n'en a ni les moyens ni la volonté; mais on vous minera sourdement. On amène déjà à la résidence une enfant de dix-huit ans, bien vaine, bien inconsidérée, mais audacieuse, sans doute. On a dicté à l'avance ses paroles, ses actions, ses démarches, et jusqu'à son regard; on l'aura enivrée de l'espérance du succès, et peut-être.....»

— « Savez-vous, Hermann, que vous m'effrayez, s'écria la marquise d'un air à demi riant, et à demi sérieux ; quoi ! l'on voudrait me desservir avec autant d'effronterie, et l'on ne craindrait pas de s'attaquer à moi ! Ne pensez pas cependant que je me sois endormie jusqu'à cette heure comme vous; je sais combien je déplais à Waldein; déjà plusieurs fois je l'ai attaqué dans l'esprit du maître ; mais, jusqu'à ce jour, mes soins ont été inutiles; le prince Henri, lorsque je lui parle de son ministre, me dit : « Il a été l'ami de mon père, mes sujets » s'en louent, il gouverne bien ; pourquoi » voulez-vous que je le renvoie ? D'ailleurs, » qui mettrais-je à sa place? » Quand il me parle ainsi je suis embarrassée, car enfin qui lui pourrais-je offrir ? »

— « Votre excellence, répliqua Hermann, en multipliant ses courbettes, m'avait fait espérer qu'elle demanderait la récompense de mon dévouement sans bornes. »

— « Oui, j'ai bien pensé à vous; mais l'occasion ne s'est pas encore présentée; je la saisirai aux cheveux, je vous jure. Cependant, je vous charge de passer chez la princesse, et d'assister à la présentation ; je ne viendrai que tard; je veux entretenir auparavant son Altesse; demeurez convaincu que je ne vous oublierai pas. »

Hermann, charmé de cette assurance, baisa respectueusement la main qui lui fut tendue, et il sortit ivre de joie, car on lui avait commandé ce qu'il brûlait de faire. Il aimait beaucoup la marquise, mais il voulait également s'insinuer dans les bonnes grâces de mademoiselle d'Hertal, si par hasard elle parvenait à jouer quelque rôle; et il souhaitait, dans ce cas, pouvoir se vanter à elle de l'avoir approchée le premier jour, et d'avoir deviné son mérite. Le conseiller aulique avait tout ce qu'il faut pour réussir : souplesse, activité, bassesse, point de honte, beaucoup d'effronterie.

Peu de temps après que le digne courtisan se fut retiré, un assez grand mouvement dans l'antichambre annonça la venue du Prince. Il entra chez la marquise, accompagné de son ami intime, le jeune Ernest, comte de Mansdorf, son premier chambellan, et l'amant secret de madame Albini. Depuis plusieurs jours, celle-ci se plaignait d'Ernest. Il mettait de la négligence dans leurs entrevues secrètes ; et les raisons qu'il en donnait ne satisfaisaient guère l'Italienne. Méchante, haineuse et emportée, elle n'eût pardonné une infidélité ni au prince Henri qu'elle n'aimait pas, ni au comte de Mansdorf, vers lequel son caprice l'entraînait dans ce moment. La chasse avait été bien conduite, aussi le prince était-il de bonne humeur ; jamais du moins, assura-t-il, il n'avait trouvé la marquise plus belle. Il fut presque tendre avec elle ; et la dame, inquiète de ce redoublement de passion, redouta de déplaire au chambellan ; mais ses regards, qu'elle interrogea, la convainquirent de la tranquillité de son âme. Nulle crainte, nul chagrin ne s'y peignait.

Cette certitude pénible tourmenta madame Albini; elle fut assez maussade avec le prince, qui, tout à coup se levant de son siége, demanda l'heure qu'il était, et si la princesse Amélie n'était pas encore venue à la résidence. Cette question ne parut pas naturelle à l'Italienne; elle lui donna à penser qu'Henri savait que mademoiselle d'Hertal devait être présentée le jour même, et elle en conclut tout ce que son imagination impétueuse voulut lui faire inventer. Sortant alors de ses noires idées, elle chercha, par le charme de sa conversation, à retenir son amant illustre, et lui faire oublier que le cercle était ouvert. Pour mieux y parvenir, elle courut à son piano, et chanta avec son goût exquis, une ariette de Cimarosa.

Le silence qui se faisait autour d'elle lui parut celui de l'admiration; jamais elle n'avait filé des sons avec plus de méthode; elle croyait se surpasser. Enfin elle achève, le même silence continue. Elle se tourne, regarde...... Le prince, le chambellan, avaient disparu, et madame d'Oppenheim dormait tout doucement, appuyée contre la table à ouvrage. Nous laissons à penser le dépit que dut éprouver la marquise à la vue de cette solitude. On avait choisi pour la quitter, le moment où elle brillait de tous ses avantages. Jamais affront ne lui parut aussi pénible, et elle promit de s'en venger d'une manière éclatante.

La première victime qui s'offrit à elle fut madame d'Oppenheim. On la gronda avec une aigreur sans pareille. Hélas ! elle ne pouvait se défendre qu'en agravant son tort ; car elle avait cherché le sommeil dès que les premiers accords s'étaient fait entendre. La marquise, dans son désespoir, eût bien désiré pouvoir bouder tout à son aise, mais elle ne voulut pas donner cette joie à ses ennemis, s'ils venaient à apprendre ce qui s'était passé ; d'ailleurs, elle était curieuse de juger par elle-même si mademoiselle d'Hertal pouvait être une dangereuse rivale ; et en conséquence elle s'achemina vers le salon de réception.

Lorsqu'elle y entra, la foule était considérable, et la présentation déjà faite. Ce ne fut pas sans inquiétude qu'elle aperçut auprès de la princesse une jeune nymphe aux beaux yeux bleus, aux longues boucles dorées retombant en grosses touffes sur un front uni et sur une poitrine d'albâtre. Le sourire de mademoiselle d'Hertal était celui de la candeur; chacun de ses regards était un trait de flamme, chaque mouvement une grâce, et chaque parole un talisman le plus puissant, le plus irrésistible. Le cercle s'était grossi autour d'elle: toute honteuse de la sensation qu'elle produisait, elle inclinait à moitié sa belle tête, embellie du coloris de la modestie. A sa gauche se tenait la comtesse de Sebendal: sur ses traits on lisait la joie de son triomphe; elle frappait tous ceux qui l'examinaient. La Princesse était placée à la droite de Louise; elle tenait une des mains de la jeune fille; et, par ce geste de douce familiarité, faisait le désespoir de celles qui voulaient prétendre au titre de favorites.

Derrière mademoiselle d'Hertal s'élevait le comte de Mansdorf; oh! pour celui-ci, il ne voyait que la jeune beauté, et certes il n'était pas difficile de lire ce qui se passait dans son âme. Enfin, à peu de distance, le Prince paraissait en conversation réglée avec le comte de Waldein, premier ministre; mais la marquise ne tarda pas à s'apercevoir que si les oreilles du Prince étaient attentives à ce qu'on pouvait lui dire, ses yeux ne perdaient pas un des mouvemens de ma demoiselle d'Hertal. Plus toutes ces découvertes se pressèrent dans le cœur de madame Albini, plus elle chercha à conserver son calme et son assurance accoutumée. Vue avec peu de plaisir par la souveraine, elle avait cependant conservé envets elle le ton de la plus respectueuse déférence. Aussi lui rendit-elle humblement ses devoirs; elle prit sa place ordinaire, et demeura charmée de se trouver auprès de madame de Sebendal. Elle lui fit compliment du ton le plus naturel sur sa charmante nièce, la vanta outre mesure, et poussa l'exagération à l'extrême, croyant ne jamais assez bien cacher ce qu'elle pensait intérieurement.

Ernest, à son aspect, avait changé de position; il se hâta de lui venir porter son hommage, et s'excusa à voix basse d'avoir été contraint à suivre le prince.

« Je vous ai vu partir, lui dit-elle; aussi ai-je fait semblant de ne pas m'en apercevoir pour ne pas contrarier son Altesse. Mais, changeons de propos : parlons un peu de la nouvelle venue. N'est-il pas vrai qu'elle est étonnamment belle ? » — « Elle est assez bien, mais... » — « Assez bien, dites-vous? Oh! vous ne l'avez donc pas regardée? » — « J'ai pu le faire lorsque vous n'y étiez pas; mais dès que vous avez paru, j'ai facilement oublié tout le reste. »

Ce compliment débité avec une apparence de vérité, flatta la marquise, en lui rendant un peu de bonne humeur ; elle accepta la carte qui lui fut présentée pour la partie des princes, et Mansdorf s'établit à côté d'elle, pour lui donner des conseils selon son usage.

CHAPITRE III.

Dextera præcipuè capit indulgentia mentes.
L'adroite complaisance gagne les esprits.
OVIDE, *Art d'aimer.*

Le prince Henri avait dix-huit ans lorsque son père lui fit commencer ses voyages. Il partit incognito avec une suite peu nombreuse, composée de quelques domestiques, de son gouverneur le vieux comte de Mansdorf, et d'Ernest, fils de ce dernier. Depuis sa première enfance, Henri se croyait fermement d'une nature supérieure à celle du reste des hommes, tant on avait pris soin de le lui dire, et de lui inculquer ces déplorables idées; plus d'une fois il se surprit à trouver étrange que son corps fût soumis aux mêmes habitudes que ceux de ses gens; à peine se pouvait-il accoutumer à voir le caprice de la nature déranger quelquefois les projets qu'il avait arrêtés. L'orgueil, la sotte suffisance formaient le fonds de son caractère; et cependant son cœur était bon et généreux. Il eût été susceptible des plus nobles impressions; mais les princes sont les derniers dont on cherche à former le naturel : ceux qui se chargent de leur éducation ne les élèvent ordinairement que dans leur intérêt particulier.

Le comte de Mansdorf ne rêvait qu'après la place de premier ministre; il espérait l'obtenir de Henri, lorsqu'il serait sur le trône, et il voulait rendre son crédit alors indestructible en l'appuyant sur la faveur de son fils. Aussi combien sa joie fut grande, quand il eut obtenu du prince Guillaume de faire d'Ernest le complaisant du jeune Henri ! Que de peine il prit pour ôter de l'âme d'Ernest toute la franchise, et la fermeté qui pouvait s'y trouver ! Avec quelle opiniâtreté ce père coupable extirpa toutes les semences de bien que le ciel avait accordées à son fils! Il lui enjoignit de faire de Henri son idole, son fétiche, l'objet constant, en un mot, de son adoration.

« Il faut, lui disait-il, qu'il t'aime; et il te haïra, si ton dévouement n'est pas sans bornes. C'est ton ami, sans doute; mais il doit être ton maître : d'après cet avenir, tu dois te plier à toutes ses volontés, devancer ses désirs, te rendre agréable de toute manière; si tu réussis, ta maison y gagnera ; tu feras mon bonheur, le tien, et nous serons l'objet de la perpétuelle envie de ceux que la fortune a faits nos égaux. »

Ce discours sans cesse répété produisit son effet : Ernest se montra au jeune prince comme une cire molle que celui-ci pouvait pétrir à sa fantaisie. Il en usa et mésusa d'abord. Peu à peu néanmoins il s'attacha à sa victime ; il eut pitié de l'impassible douceur de l'objet de ses caprices; et avançant en âge, il aima réellement Ernest, et le déclara le premier dans son affection. Quelle joie ce fut pour le comte de Mansdorf! Combien peu il songea aux larmes nombreuses que ce fils avait dû répandre avant de parvenir à cet heureux résultat! Mais un ambitieux compte-t-il les douleurs de ceux qui l'entourent, lorsqu'elles ont produit l'effet qu'il en attend ? Mansdorf ne douta pas que son fils ne fût charmé d'être l'ami du prince, et ce titre pouvait-il jamais être acheté trop cher? Pauvre Ernest! il l'avait payé de sa liberté, de sa franchise, et de tous les jeux de son enfance!

Son aveugle père le crut prodigieusement dédommagé de ces pertes véritables, lorsque le prince Henri, prêt à commencer ses voyages, demanda que le comte Ernest lui fût donné pour compagnon. Rien en ce moment ne manqua à la félicité de Mansdorf : le Prince partait avec lui et avec son fils; l'un était son gouverneur, l'autre avait le beau titre de son ami. Quels rêves ne pouvait-il pas faire, cet homme pour qui la faveur était tout ! Il se promit bien d'achever par ses complaisances de se rendre favorable à jamais le cœur qu'il aurait dû élever aux nobles vertus, et d'acquérir sans retour une prépondérance que la suite ne ferait qu'accroître.

Une partie de ses projets lui réussit; mais le destin avait marqué que le reste ne s'accomplirait jamais, et le vieillard complaisant ne devait pas recueillir le fruit de ses basses flatteries. Le prince, comme nous l'avons dit plus haut, se mit en route sous le nom modeste du baron de Rohen; les gens de sa suite conservèrent leurs titres ordinaires. Une odeur d'incognito trahissait le principal voyageur dès qu'il était descendu dans une auberge; l'air important de ses valets de pied, le ton servile de ses amis, tout annonçait qu'un des maîtres des hommes se donnait le plaisir de parcourir le monde, non pour en rapporter des vertus, mais pour ramasser çà et là des manières avantageuses et une demi-science, la peste des véritables connaisseurs. Henri, depuis long-temps fatigué de la souplesse de ceux qui l'entouraient, éprouvait encore un nouvel ennui des respects de passade dont on l'accablait, afin de tirer de lui une meilleure récompense.

« Ernest, dit-il un jour, ne pourrions-nous pas varier notre rôle? Ne me serait-il pas possible de devancer nos gens, et de n'être durant quelques jours qu'un voyageur de la classe ordinaire? » — « Pourquoi pas, mon prince? rien ne me semble plus facile. » — « J'en doute; votre père ne consentirait pas à se démettre de sa surveillance; sa rigidité, peut-être... » — « Il vous aime avant tout; son seul but est de vous plaire, et je suis convaincu qu'il ne vous refusera pas ce que vous lui demanderez vous-même. »

Le prince avait une telle envie d'essayer du plus entier incognito, qu'il ne balança pas à en instruire le comte de Mansdorf. Malgré le vif désir que celui-ci avait de le satisfaire, il demeura d'abord étonné d'une demande pareille; néanmoins, sur les instances qu'on lui fit, il se rendit d'assez bonne grâce, y mettant pour condition que le projet aurait quinze jours d'exécution, et qu'au bout de ce temps tout rentrerait dans l'ordre ordinaire. Henri accepta cet accord, espérant bien obtenir un nouveau délai, pourvu que la chose lui parût agréable. Il en fixa le commencement au jour prochain, c'était celui de leur arrivée à Gênes. Il embrassa le comte, convint avec lui que ce dernier descendrait à l'auberge de l'Allemagne, et qu'Henri avec Ernest, sans un seul domestique, iraient se loger à la Croix-de-Malte, où ils cacheraient soigneusement leurs noms de famille, ne voulant se désigner que par celui de leur baptême.

Dès que cette résolution fut prise, les deux jeunes gens partirent, impatiens de se trouver libres, et une voiture les conduisit vers la cité de marbre, vers cette Gênes, dite la Superbe, et qui mérite bien ce titre pompeux. Il y avait beaucoup de monde à la Croix-de-Malte ; aussi fit-on attendre M. Henri : et pour la première fois il ne fut pas prévenu dans ses désirs ; il lui fallut s'expliquer lui-même, demander les choses dont il pouvait avoir besoin, et attendre qu'on les lui apportât, ce qui lui parut passablement étrange. Ernest faisait bien de son côté ce qu'il pouvait pour lui éviter les soucis de la vie ordinaire ; mais Henri, qui avait pris une ferme résolution, dont il attendait quelque peu de relâche à l'ennui qui le dévorait, se refusait à tout service qui n'exigeait pas le réciproque, et la bizarrerie de sa position ne lui paraissait pas déplaisante.

Un cicérone s'offrit à eux pour les guider dans leur course; on accepta ses soins, et l'on parcourut les divers monumens de cette magnifique ville. L'église de Carignan les frappa par sa noble simplicité et par ses admirables sculptures : on leur proposa de monter sur l'un des clochers de cet édifice, d'où l'on jouissait de la plus belle vue que l'Europe puisse peut-être offrir. Ernest se trouva peu disposé à se montrer curieux de ce coup d'œil remarquable : fatigué de ses courses dernières, il préféra s'asseoir au frais sous le péristyle. Mais Henri, plus avide de voir, par cela même qu'il avait moins vu jusqu'à cette époque, suivit son conducteur, qui, par un escalier tournant se dirigea vers la plateforme. A mesure qu'ils en approchaient, les sons d'une voix mélodieuse parvenaient jusqu'à eux, et Henri, surpris de les entendre dans un tel lieu, imaginait presque assister au concert des anges protecteurs de la tour, lorsque enveloppés de brillantes nues ils portent au pied du trône sans fin les vœux des mortels, leurs supplications et leurs larmes.

Plus il avançait du faîte de l'édifice, plus les accens étaient distincts; enfin parvenu aux dernières marches, il jeta autour de lui un avide regard; là il put apercevoir une jeune fille simplement vêtue, qui, assise sur une pierre, chantait en présence de la divinité. Cette vue détourna Henri de tout autre admiration. L'inconnue paraissait avoir dix-huit ans; l'élégance de sa taille, la pureté de ses formes juvéniles, le goût de sa mise, ses beaux cheveux noirs, ses yeux étincelans, sa voix si fraîche, si harmonieuse, tout se réunit en ce moment pour captiver l'attention du Prince, et faire naître dans son cœur la plus dangereuse des impressions. Immobile à la place où il se trouvait, une main appuyée sur la balustrade, de l'autre faisant un geste impératif à son guide pour lui défendre de se montrer, il attendit sans impatience que la signora eût fini son chant; et durant tout ce temps il ne remarqua, ni la ville placée en amphithéâtre devant lui, ni les campagnes verdoyantes coupées de fortifications, de palais, de bosquets d'orangers, de grenadiers et de lauriers; il ne jeta pas un regard sur cette vaste mer étincelante des feux du soleil, et chargée de navires dont les voiles blanchissantes ressemblaient à de longs fantômes glissant silencieusement sur les ondes azurées.

Cependant la nouvelle sirène cessa de se faire entendre, et alors parut auprès d'elle un homme âgé, qui lui dit : « C'est bien, Fiorina; mais le grand air pourrait te surprendre. Allons, ma fille, viens donc. » —

« Oh ! non, dit-elle d'une voix suppliante, non, ne m'arrachez pas à ce tableau enchanteur. Qu'il est majestueux ! qu'il est immense ! Jamais je ne me rassasierais de le voir ! »

Ici elle se tourna avec vivacité pour promener ses regards du côté de l'orient, et Henri se trouva vis-à-vis d'elle. A la vue de cet étranger qui l'examinait d'une façon si passionnée, la jeune fille recula d'un pas, et de nouvelles couleurs augmentèrent l'éclat de son joli visage. Le prince ne crut pas devoir se taire; mais prenant la parole, et cherchant à la rassurer, il lui confia qu'il venait de l'entendre chanter, et lui avoua que d'abord il avait cru assister aux chœurs des esprits célestes. A peine eût-il parlé, que le père de Fiorina s'approcha en multipliant les révérences; il prit la parole pour sa fille, qui ne parlait pas, et en une minute Henri apprit qu'elle était nouvellement engagée comme seconde chanteuse au théâtre de Saint-Augustin, et que le signor Albini, l'auteur de ses jours, était premier violon à ce spectacle. Ces confidences désappointèrent quelque peu le cœur du prince, qui espérait entamer une aventure romanesque; mais en même temps il s'en applaudit, car il se flatta que cette belle personne ne refuserait pas son hommage.

Durant qu'il conversait avec Albini, Fiorina n'avait cessé de le regarder à la dérobée : elle voyait en lui un cavalier de bonne mine ; sa qualité d'étranger était d'ailleurs un titre de plus; aussi ne refusa-t-elle pas de lui répondre, lorsque de nouveau il lui adressa la parole. Cependant le guide, impatient de descendre, fit observer à Henri que le temps s'écoulait. Celui-ci demeura surpris que l'on osât lui faire une remarque pareille, il allait s'en courroucer; mais ayant réfléchi qu'il avait renoncé aux égards dus à son rang, il se contint, et descendit sans se plaindre. Albini, curieux au dernier point, lui demanda son pays et sa profession.

« Je suis Allemand, répondit le prince,

et assez bon musicien, j'ose croire; je viens en Italie pour me perfectionner en cet art. »

Le prince pensait ce qu'il disait : on n'avait cessé à la cour de son père de s'extasier sur son talent; il était, s'écriait-on, un joueur de violon de la première volée. Henri, à force de se l'entendre répéter, en était persuadé. Un pareil aveu déplut à l'avide Albini, qui croyait avoir fait la rencontre d'un homme d'importance, tandis qu'il n'était plus question que d'un modeste artiste; néanmoins si les vues qu'on pouvait avoir eues s'étaient évanouies, elles furent quelque peu remplacées par le bonheur de se trouver avec un égal, et Albini, en toute franchise, engagea Henri à venir le voir. Certes, celui-ci accueillit avec vivacité une proposition qui s'accordait trop bien avec ses désirs. Pour Fiorina, accoutumée aux fleurettes des hommes, elle ne se montrait pas aussi joyeuse de cette rencontre; mais le prince ou plutôt le feint musicien avait de la grâce dans sa personne, et paraissait aimable, il parlait l'italien à ravir ; c'en était assez pour le faire accueillir avec joie, si ce n'était pas encore avec tendresse.

Henri, en sortant de l'église, se faisait une fête de se montrer avec la jolie Fiorina aux yeux surpris du jeune Mansdorf ; mais il fut trompé dans son attente : Ernest, lassé de demeurer sous le portique de l'église, et hardi pour la première fois, était déjà parti. Henri alors sollicita et obtint facilement d'Albini la permission de reconduire Fiorina ; durant toute la route l'enchantement du jeune homme prit de nouvelles forces, et, en se séparant de la famille italienne, il leur renouvela l'engagement de ne pas tarder à les revoir.

A peine les eut-il quittés, que tout à coup, par un effet ordinaire de la tendresse naissante, il s'applaudit de ne pas avoir rencontré son ami : il se rappela les grâces d'Ernest, son air noble, ses manières de bonne compagnie, et il craignit, en le faisant connaître à Fiorina, de se donner un dangereux rival. Ce qui le tourmentait le plus était leur parfaite égalité actuelle, qui ne permettait plus à Mansdorf de lui montrer de la déférence, et qui par suite eût laissé à ce dernier un champ libre auprès de la belle chanteuse. Il fut donc résolu, dans le conseil tenu par les passions au fond du cœur de Henri, qu'il ferait un mystère de sa bonne fortune, et qu'il prolongerait son séjour à Gênes autant qu'il en aurait besoin. Le bon jeune homme, ou pour mieux dire, le bon Prince, ne s'amusa-t-il pas à rêver d'être aimé pour lui-même? ne se préparait-il pas à compter sur le parfait amour d'une actrice italienne? Songes vains de la jeunesse, que vous êtes imposteurs, mais aussi que vous avez de charmes!

De retour au logis, Henri vit son ami; Ernest lui crut devoir des excuses au sujet de sa brusque disparition; il trouva le Prince rempli d'indulgence pour cette faute : ce dernier y voyait trop bien son compte pour s'en fâcher, et son attachement pour Mansdorf parut redoubler dans cette circonstance.

Le même soir, Henri désira aller au spectacle; il choisit, comme on pense, le théâtre où Fiorina jouait, et, faisant un appel à toute la dissimulation dont à la cour de son père on lui avait fait faire une si savante étude, il enferma dans son sein les sentimens impétueux qui s'y élevèrent à la vue de la chanteuse. Quoique Fiorina eût du talent, elle était loin de la perfection que demandaient les connaisseurs Génois; aussi était-elle faiblement applaudie. Henri s'indignait de cette indifférence, et plus d'une fois, malgré sa ferme résolution de taire sa flamme secrète, il essaya, par le choc de ses mains, d'échauffer les spectateurs qui lui paraissaient glacés. On se souleva contre ses tentatives, et on lui imposa silence, chose qui lui était si nouvelle qu'il ne s'y pouvait accoutumer. Ernest, loin de faire attention au trouble du prince, loin pareillement de remarquer les charmes de Fiorina, n'avait des yeux que pour une danseuse accomplie, et certes, en ce moment, il ne se fût pas déclaré le rival de son maître. Henri du moins retira de ses efforts la certitude d'avoir été reconnu de la chanteuse, car plus d'une fois elle se retourna vers lui, et, par un agréable sourire, le remercia de ce qu'il faisait pour elle. Au sortir du théâtre, les deux amis se retirèrent. Henri était silencieux et Ernest vantait la danseuse avec enthousiasme. Le Prince dormit mal, comme on peut le croire ; il se leva avec l'aurore et eût voulu pouvoir déjà courir chez le premier violon du théâtre Saint-Augustin ; mais, avant midi, il savait bien qu'il eût été inconvenant de s'y présenter.

CHAPITRE IV.

*Deux choses contraires nous préviennent également:
L'habitude et la nouveauté.* LA BRUYÈRE.

Henri, néanmoins, pour charmer son impatience, sortit seul de l'hôtellerie : Ernest dormait encore, et lui, cheminant au hasard dans des rues qui lui étaient inconnues, promenait sa rêverie plutôt qu'il ne cherchait à admirer les édifices merveilleux qui se présentaient en foule devant lui. Sans s'en apercevoir presque, il était entré dans la strada Balbi, lorsqu'il se vit abordé par un jeune homme qui frappait les regards par sa taille élancée, ses beaux yeux bleus, sa bouche fraîche et riante, et sa tête noblement élevée vers le ciel. Certes si les couronnes eussent appartenu à ceux dont la figure commande l'attachement et le respect, celui qui vint droit à Henri eût eu des titres au premier sceptre du monde. Le Prince demeura frappé de son air ouvert, de la grâce de sa démarche, et ce fut avec plaisir qu'il répondit à la question qu'il lui adressa, en lui demandant s'il était loin de l'*Albergo des Pauvres ?*

« Je ne saurais vous le dire, répondit Henri, je suis comme vous étranger dans cette ville, » — « Étranger, Monsieur, et Allemand peut-être ? » — « Oui, Monsieur. » — « Oh ! cher compatriote, dit le jeune homme en laissant éclater sa satisfaction, qu'il m'est doux de vous voir ! combien on aime, dans ces pays où l'on ne fait que passer, à rencontrer les fils de notre patrie, les francs enfans de *Teutonia !* » Il dit, et présente sa main au Prince avec tant d'empressement, de cordialité, que celui-ci, touché de cette prévenance affectueuse, se hate de lui donner la sienne, et tous les deux les pressèrent à plusieurs reprises en témoignage de leur mutuel contentement.

« Pardonnez-moi, poursuivit l'inconnu, si je vous demande qui vous êtes? je suis trop heureux de rencontrer un Allemand pour ne pas chercher à prolonger le plaisir de causer avec lui. Mais avant de vous laisser répondre à ma question, je dois sur ce point prévenir la vôtre : mon nom est Léopold Reich, mon père est pasteur au village d'Obernof, et je voyage tout seul, parce que je ne veux pas seulement voir le monde, mais que je tiens à le connaître. »

Ces mots apprirent à Henri que le jeune homme était au nombre des sujets de son père ; il en éprouva de la joie, car, dès l'abord, il s'était senti du penchant pour lui. Bien aise de ne pas en être connu, il s'enveloppa plus que jamais dans son incognito, et lui répéta la fable qu'il avait déjà faite depuis son arrivée à Gênes. Léopold ne lui dissimula pas sa joie de le savoir son égal.

« Tenez, Henri, lui dit-il, rien n'est

pareil au bonheur de se réunir à ceux dont la fortune est semblable à la nôtre. Les grands doivent rester entre eux, et les petits suivre le même exemple : le plaisir ne peut être où la familiarité ne se rencontre pas. Peut-on rester l'ami d'un homme auquel on ne peut dire bonjour qu'en observant les règles de l'étiquette, et quelle tendresse peut exister pour quelqu'un qu'on ne peut serrer dans ses bras ? »

Ce propos débité avec chaleur plut moins au prince, mais, suivant la chimère de ceux de sa caste, il se crut en position d'offrir une exception à la règle, et avec plaisir il forma le projet de rendre Léopold son ami, de le combler des marques de la plus douce intimité, et puis de lui prouver que le rang ne peut faire déchoir une amitié véritable. Pour commencer l'exécution de son plan, il demanda à Léopold la permission de l'accompagner à l'*Albergo des Pauvres*, ce que celui-ci accepta avec transport. *Un faquini* pour quelques *grassies* les y conduisit, mais ils voulurent, seuls et sans être distraits par le babil importun d'un mercenaire, admirer la grandeur de ce beau séjour. Jamais la magnificence n'éleva un plus noble palais à l'infortune. Les voyageurs qui ont parcouru l'Italie ont tous conservé un souvenir de ce bâtiment immense, qui se développe dans une longue suite de salles, de cours, de portiques, d'escaliers, tous revêtus de marbre blanc. On voit de toutes parts s'élever les statues colossales des bienfaiteurs de ce lieu. Là, ce ne sont plus des conquérans armés pour le malheur de la terre, et des rois vulgaires qui ont passé sans vertus ou sans vices, dont la flatterie a lâchement représenté les traits. Non, tous ceux qui s'élèvent dans ces vestibules, dans ces péristyles, furent les amis du pauvre, les soutiens de l'indigent. Placés pour la plupart en avant de l'église, ils en semblent les premières sentinelles : plus d'une fois la reconnaissance se trompe, et au lieu de passer dans le sanctuaire pour y prier les saints reconnus solennellement par l'église romaine, elle s'adresse à ceux qui n'ont encore des autels que dans les cœurs des malheureux. La vue de ces statues éleva un noble sentiment dans l'âme des jeunes gens.

« Oh ! s'écriait Léopold, aimable enthousiaste, que l'on doit être fier d'appartenir à des familles dont les ancêtres sont ici représentés ! Ah ! voilà sans doute des titres tels que l'empire germanique nous en montre rarement. Regardez, Henri, voyez sur ce marbre cette inscription : SPINOLA, LE PÈRE DES PAUVRES. Certes, un diplôme de comte est bien peu de chose auprès de celui donné par la voix publique, qui rarement se trompe, et enregistré dans les archives du ciel qui ne se trompe jamais. *Le père des pauvres !* que c'est grand ! Je me rappelle maintenant d'avoir vu naguère sur une place un marbre fastueux ; on y lisait : *Au triomphateur, à l'invincible, au César victorieux ;* que sais-je, moi ? Et pour mieux déshonorer celui dont il supportait l'effigie, quatre esclaves, le front courbé, les yeux gros de larmes, annonçaient que ce héros fut un des tyrans de l'humanité. Ici, Henri, admirez la différence : des pleurs furent répandus, le bon Spinola en tarit la source ; il fut victorieux de la destinée, car il la força à secourir l'infortuné ; il triompha aussi, non des hommes, mais de ses passions. O mon ami, la belle conquête ! En est-il qu'on puisse lui comparer ? »

Ce discours énergique passa dans l'âme du prince, qui se jura intérieurement à lui-même de prendre Spinola pour exemple, et se félicita d'être né dans un rang où les indigens pourraient, s'il le voulait, le qualifier du beau titre de père. Dès ce moment une autre pensée le vint assaillir : il compara les propos de Léopold avec ceux d'Ernest, auquel il n'avait entendu dire rien de semblable ; il lui parut étrange qu'un grand seigneur ne se fût jamais occupé de ce qui pouvait faire le bonheur des peuples, et le vieux comte de Mansdorf, qui lui avait tant parlé de sa puissance, n'avait pas songé à lui en faire connaître le plus bel emploi. Touché jusqu'au fond du cœur des sentimens de Léopold, il lui demanda plus que jamais son amitié, et ils se tutoyèrent sur-le-champ, chose que le Prince n'avait accordée encore à personne.

Du vestibule de l'église ils passèrent dans le lieu saint, où ils admirèrent une Vierge *des sept douleurs*, ouvrage étonnant du célèbre Michel-Ange. Un groupe en marbre représentant l'Assomption, sorti du ciseau de Puget, attira aussi leur attention ; mais ici rien ne leur procura une impression pareille à celle de la statue de Spinola. Les arts sont peu de chose, là où ils ne parlent qu'aux yeux. Cependant le charme de la conversation du jeune Reich ne pouvait faire oublier à Henri que l'heure s'approchait où il pourrait aller rendre ses devoirs à la belle cantatrice ; il lui fallut donc s'éloigner de son nouvel ami; ce ne fut pas sans se promettre de se revoir souvent. Reich prit l'engagement de venir le lendemain déjeûner à la Croix-de-Malte, et ils se séparèrent après s'être donné les assurances de leur entier attachement.

Si Henri était impatient de paraître chez le musicien Albini, celui-ci n'était pas moins pressé de le voir. Un Italien nouvellement arrivé de Turin, où il s'était rencontré avec le Prince alors accompagné de sa suite, l'avait reconnu la veille, au spectacle, et par hasard l'avait nommé au premier violon de l'orchestre. A cette découverte importante, l'âme d'Albini s'était fortement émue, et plus que jamais il forma de brillantes chimères, se flattant de les voir promptement réalisées. Il avait après la pièce appris à sa fille ce qu'on venait de lui dire, et Fiorina s'était applaudie de son bonheur.

Le père et la fille, corrompus l'un et l'autre, se promirent de paraître ignorer ce que le hasard leur avait dévoilé, et on voulut tromper le Prince ; car ceux que le ciel a désignés pour être nos maîtres sont perpétuellement le jouet de tous ceux dont ils sont entourés. Dès que Henri parut, Fiorina, qui eut l'air de ne pas l'attendre, laissa éclater une joie naturelle. Le Prince se trompa sur le véritable motif qui la causait. Le père Albini, sous différens prétextes, laissa à plusieurs reprises les jeunes gens ensemble, et Henri ne tarda pas à apprendre que de longs malheurs étaient venus fondre sur la famille du signor, et que dans ce moment des créanciers de mauvaise humeur ne lui laissaient pas le loisir de respirer. Quand on est amoureux, fût-on même prince, pourrait-on balancer à arracher aux horreurs de la misère l'objet charmant dont on est épris? Oh! comme dans cette circonstance Henri se félicita de sa richesse! avec quelle volupté il offrit à Fiorina les sommes nécessaires à la sortir de peine! Elle ne se fit guère presser pour les accepter, et en payement elle offrit d'abord son cœur en attendant qu'elle dût se montrer plus faible; mais, pour le moment, l'amour d'Henri était pur : c'était pour la première fois que son âme connaissait le délire de cette tyrannique passion. Après une conversation de deux heures il se retira plus épris qu'auparavant, après avoir fait la promesse solennelle de ne pas rester un seul jour sans venir auprès de sa jeune amie dont la reconnaissance paraissait égaler la tendresse.

Lorsqu'il revit Ernest, qui de son côté s'accommodait fort d'être libre, il lui parla du jeune Allemand qu'il avait rencontré, et s'exprima sur son compte avec un véritable enthousiasme. Ceci contraria le comte de Mansdorf, toujours occupé des idées qu'il avait reçues de son père : il redoutait déjà que le nouveau venu ne lui ravît la faveur de Henri ; mais ayant appris que Léopold avait pour père un simple ministre de campagne, dès lors un pareil rival lui parut peu dangereux; il n'était pas fait pour prétendre aux honneurs de la cour ; il ne pourrait y paraître que dans un rang bien secondaire. Ces réflexions rassurèrent Ernest ; il se promit de recevoir avec affection le compatriote qui plaisait au prince, sauf à trouver le moment favorable de le détruire dans l'esprit de celui-ci, si, par suite, il pouvait donner de véritables inquiétudes.

Léopold se montra exact au rendez-vous, et après avoir tendrement embrassé Henri, il demanda à Ernest s'il ne voulait pas s'associer à ce pacte d'amitié.

« De tout mon cœur, monsieur, repartit Mansdorf : ce sera pour moi un honneur dont je profiterai. M. Henri est fait pour être tendrement chéri ; je ne refuserai pas de m'unir à vous pour nous attacher davantage à cet excellent jeune homme.

Il serait difficile de décrire l'étonnement qui se peignit alors sur la figure de Léopold, en écoutant ce discours : son corps se dressa de toute sa hauteur ; et jetant un regard de flamme sur Ernest, en y mettant une expression toute particulière :

« Je ne fais point tant de façon pour M. Rohen, dit-il ; il m'a demandé mon amitié, j'ai réclamé la sienne : nous nous aimons parce que nous sommes du même âge, que nous avons peut-être les mêmes goûts, et une santé pareille. Quant à l'honneur, et à l'excellence de la chose, je ne m'en embarrasse pas : le meilleur de nous sera le plus vénéré sans doute. »

Il dit et presse dans ses bras Henri, qui lui rend des caresses affectueuses, et qui répond à son tutoiement. Ceci, comme on le pense, étonna bien davantage Ernest ; il n'avait jamais prétendu à une familiarité semblable, et éprouvait une cruelle jalousie de la voir accordée à un autre. Henri, l'on doit lui rendre cette justice, devina le chagrin, qui, avec quelque raison, prenait naissance dans le cœur de Mansdorf ; aussi se hâta-t-il de le traiter également. Cette faveur transporta Ernest ; il ne put s'empêcher de l'écrire à son père, ainsi qu'ils en étaient convenus : il lui annonça la nouvelle connaissance que le prince avait faite, et réclama ses conseils paternels pour le guider dans cette conjoncture. Digne de son fils, le vieux comte n'hésita pas à croire que l'amitié de Henri pour Reich ne serait qu'un caprice passager qui ne survivrait pas au voyage : car enfin, répétait-il, ce n'est jamais que le fils d'un pauvre pasteur de village, et il ne pourra de sa vie prétendre aux honneurs de la cour. Mansdorf ajoutait à sa lettre qu'il fallait plaire à ce nouveau favori, éclairer de près ses démarches, et faire imperceptiblement voir au prince qu'un jeune paysan ne pouvait avoir qu'une âme commune et nulle élévation dans les sentimens.

Vers l'heure de son rendez-vous, Henri se sépara de ses deux amis. Ernest fut voir sa danseuse, et Léopold, qui paraissait grand amateur des arts, se rendit à la galerie du palais Doria, où Henri promit de l'aller rejoindre plus tard, et celui-ci fut reçu chez Albini par Fiorina, qui était toute seule. Nous couvrirons d'un voile les suites de cette entrevue, où Fiorina se rendit coupable, et où le Prince crut être heureux. Ivre de volupté, il jura plus que jamais une tendresse sans borne, à laquelle on eut l'air de croire, parce qu'on n'avait plus le droit d'en douter. Le violon Albini ne reparut que lorsque le déshonneur de sa fille fut assuré, et le misérable, loin d'en verser des larmes de sang, eut la lâcheté de s'en réjouir. Que lui importait la vertu lorsqu'il pouvoit prétendre à la fortune !

Deux ou trois jours après, Henri, toujours sous le charme, eut envie de se retrouver avec Fiorina, dans le lieu où il l'avait vue pour la première fois ; les deux jeunes gens partirent de la strada San-Lorenzo, où demeurait Albini, et se rendirent par le pont de Carignan à l'église du même nom ; ils demandèrent à monter au faîte de l'édifice ; et, le cœur plein de gaieté, ils y parvinrent rapidement. Deux hommes s'y trouvaient. Distraits de leur admiration par les éclats de rire de l'Italienne et de son amant, ils se retournent, les regardent : c'étaient Léopold et Ernest.

Celui-ci, à la vue de son noble ami, accourt à lui la physionomie riante, et le salue avec affection. Reich, tout au contraire, détourne ses yeux, se recule, fait le tour de la plate-forme, et descend précipitamment l'escalier. Ces divers mouvemens produisirent l'effet d'un coup de théâtre. Henri fut si confondu de la conduite extraordinaire de Léopold en cette circonstance, qu'il ne s'aperçut pas de la pâleur extrême qui, pour un moment, avait remplacé les roses sur le charmant visage de Fiorina. Mansdorf, qui ne perdait pas une occasion de détruire Léopold dans l'esprit du prince, n'eut garde de manquer celle-ci.

« Qu'a donc notre ami? dit-il, voilà un singulier caprice ! Quoi ! il se retire au moment où vous venez ! il ne t'adresse pas les expressions du sentiment dont il me parlait tout à l'heure ! Je ne puis revenir de ma surprise. »

Henri ne disait pas aussi tout ce qu'il pensait. Le départ de Reich l'avait blessé,

et il brûlait néanmoins d'en connaître la
cause. Mansdorf l'engagea ensuite à le
présenter à la dame qu'il accompagnait,
ce que le Prince fit d'assez mauvaise grâce :
une seule pensée l'occupait en ce moment,
celle d'apprendre le motif de la fuite de
Léopold. Dès le premier coup d'œil, Ernest,
de son côté, ayant reconnu la jeune chanteuse, avait deviné le genre de la liaison
qu'elle pouvait avoir avec son ami. Loin
dès lors de vouloir les gêner, il prit congé
du couple, après quelques minutes d'une
conversation vague, en ayant soin de leur
faire entendre les exclamations admira-
tives, qu'il paraissait s'adresser à lui-même.
Après son départ, Fiorina, qui n'avait pas
eu l'air de le remarquer, voulut paraître
tendre ; mais, comme nous l'avons dit,
Henri n'était plus le même : tout était
désenchanté pour lui dans une course de
laquelle il s'était promis tant de plaisir. Il
s'empressa de témoigner l'envie de quitter
la plate-forme, et après un regard distrait
jeté sur le vaste panorama qui se déroulait

devant lui, il ramena Fiorina au théâtre, où l'appelait la répétition du matin, et lui s'en revint en toute hâte à l'hôtel de Malte, où Léopold, dès la veille, avait consenti à venir se loger.

CHAPITRE V.

◇

Vive tibi, et longè nomina magna fuge.
Vis pour toi et fuis les grands.
OVIDE.

◇

LE Prince héréditaire, en rentrant, demanda si M. Reich était revenu, et, sur la réponse affirmative, il courut à son appartement. Dès que Reich eut revu Henri, il fut à lui avec son affabilité ordinaire, au lieu de l'air boudeur et contraint que le Prince s'était plu à lui supposer. Cette conduite parut plus surprenante encore à ce dernier; aussi ne balança-t-il pas à lui en demander la raison.

« Elle sera bien facile à te donner, cher Henri, lui dit-il; mais je te demande de ne point t'en courroucer. « Mon fils me

» répéta plusieurs fois mon vénérable père,
» rappelle-toi surtout dans le cours de ta vie,
» de ne te lier jamais qu'avec des êtres
» vertueux de l'un ou de l'autre sexe. Fuis
» principalement ces femmes infortunées,
» qui, avilies par leur profession, ne pour-
» raient que flétrir tes sentimens et t'abais-
» ser aux yeux de l'homme de bien. Songe
» que leur société est toujours dangereuse;
» elle est semblable au mancenilier dont
» l'ombrage ennemi cause la mort. » Ainsi
s'exprima mon père, et je lui promis de
me souvenir de son conseil. »

— « Tu as raison sans doute de respecter ses avis; mais, crois-moi, peu de règles sont entières, et l'on doit savoir faire des exceptions. » — « Je ne me mêle point de ces sortes de choses : j'ai promis, et m'en tiens là. » — « Songe cependant que ta fuite précipitée a choqué la jeune fille avec qui j'étais; elle a eu le droit de s'en plaindre, et tu devais d'ailleurs la connaître avant de la juger. »

— « Ceci, Henri, est une autre affaire :

je m'arrête aux paroles du pasteur. En voulant approfondir certaines choses, n'est-ce pas se livrer au danger? Je me tiens au large, et je ne m'approcherai pas des ennemis, pour m'informer si la rive où je ne veux pas descendre est de facile ou de périlleux abord. »

Cette obstination aigrit le prince, et il tenait à montrer à Léopold que sa Fiorina n'était pas vicieuse. « Veux-tu, lui dit-il, que nous prenions un juge pour décider entre nous ? » — « A quoi bon ? Ce n'est pas l'avis des autres que je réclame, c'est celui de mon père que je veux suivre. » — « N'importe ! laisse-moi appeler Ernest, il nous mettra d'accord. » — « Lui ! Ernest ! tu veux rire sans doute? N'est-il pas devant toi comme une pagode branlante, disant oui ou non suivant que tu blâmes ou que tu approuves. Tiens, Henri, tu as là un ami comme je ne voudrais pas en avoir ; je ne sais à quelle fin il te circonvient, mais de vous deux tu me parais être le seul homme. »

— « Oh! c'est que tout le monde n'a pas

ton impétuosité, ton entêtement. » — « Je gagerais que, dans le fond de ton âme, tu dois avoir aussi le tien. Voyons, réponds-moi avec toute franchise : tu as ton père, tu me l'as dit ; eh bien ! raconte-moi les conseils qu'il te donna avant de te lancer dans le monde, et voyons quel est celui auquel tu refuserais de céder. » — « Les conseils de mon père ? répliqua Henri tout embarrassé ; je serais bien en peine de te les dire : il ne songea pas à m'en donner, à moins cependant..... que le comte de Mansdorf ne les eût reçus pour moi, allait-il dire ; il se retint à temps, et son secret ne lui échappa point.

« Tu as là un père d'une espèce particulière, répondit Léopold ; s'il n'a point cru devoir te donner les avis de son expérience, il faut qu'il ait eu une haute idée de ta raison, et, si la chose est telle, tu dois lui en être plus comptable encore. »

Ici Ernest se présenta. « Eh bien ! dit-il, il paraît qu'on se querelle : en vérité, Reich, tu as été bien maussade ce matin.

Quoi! la vue des grâces réunies en une seule personne n'a pu l'emporter sur ta sauvagerie? » — « Que parles-tu de grâces? repartit avec vivacité Léopold, c'est de vertu qu'il s'agit : je ne connais point de beauté si ce pur sentiment ne l'embellit pas. »

— « Léopold, s'écria Henri avec hauteur, Léopold, est-ce pour m'offenser dans mon amie que tu tiens ce langage? » —« Moi, t'offenser Henri, non certes ce n'est point mon intention, je te jure; mon cœur qui t'aime ne peut prendre plaisir à t'humilier. Mais que parles-tu d'amie? à qui donnes-tu ce titre si beau? Ton amie, celle... Tiens, Henri, laisse-moi te quitter, je te prie; ce soir je te reverrai : maintenant je dois tout craindre de ma tête, et je ne veux pas te désobliger. »

Il dit, sort de sa chambre, franchit les escaliers, et court dans la rue comme s'il eût craint d'être poursuivi. « Singulier personnage! dit alors Ernest, en levant les épaules : à son âge vouloir ainsi te régenter! »

— « Du moins nous prêche-t-il par l'exemple. » — « C'est ce qu'il veut nous faire croire. » — « Mansdorf, ne le soupçonne pas ; ce serait lui faire injure : l'accuser est le calomnier. »

Ernest vit bien que le moment n'était pas favorable pour nuire à ce fils de paysan, comme il l'appelait ; mais, par une ruse de courtisan, il fit tourner la conversation sur le compte de la chanteuse, et il la vanta dans les termes les plus passionnés. Henri, charmé de le voir penser comme lui sur cet article, lui en témoigna plus d'amitié, et lui fit part de toute son aventure. Ernest reçut cette confidence avec transport. Deux heures après il en avait informé son père, qui, loin de s'alarmer d'un pareil récit, en éprouva de la joie. Il fit sur-le-champ passer à Ernest une forte somme, afin qu'il pût fournir amplement aux nouveaux besoins du prince. Misérables flatteurs ! qu'ils sont à plaindre ceux que le ciel abandonne à vos caresses empoisonnées !

Léopold avait, lui aussi, une raison particulière pour bien connaître Fiorina : il y avait plus de trois mois qu'il s'était rencontré avec cette jeune fille à Turin, et, la prenant pour une femme honnête, il avait senti son cœur battre légèrement pour elle ; mais à l'instant où peut-être l'amour allait entrer dans son âme avec toutes ses flammes, et sa constance, ses yeux avaient été éclairés. Celle qu'il croyait digne du nom de son épouse était déjà une impudique courtisane. Le hasard, ou plutôt la Providence, l'avait offerte aux regards de Reich au moment le plus décisif d'une infâme infidélité. Sans plus vouloir ni lui parler ni se montrer à elle, l'impétueux jeune homme s'était éloigné sans retour, appelant à grands cris sa première fierté pour guérir ses blessures, et trouvant, sans s'en douter, un baume dans sa propre vertu. Depuis lors, plus que jamais, il répétait les maximes de son père. Sa surprise avait été bien grande, quand, sur la plate-forme de l'église de Carignan, il avait reconnu cette perfide accompagnée de Henri, que sans doute elle avait enlacé dans ses filets.

Après les avoir quittés, il se demanda à lui-même s'il devait avertir Henri du danger auquel il s'exposait; mais il ne put prendre sur lui de le faire; son âme noble reculait à l'idée de la moindre apparence de délation. Cependant les questions du prétendu Rohen furent sur le point de lui arracher la vérité, et sa seconde fuite n'eut d'autre but que celui de rester maître de son secret; aussi, dès ce moment, il cessa de ramener la conversation sur Fiorina, et Henri, de son côté, se montra peu curieux de lui en reparler.

L'Italienne également n'était pas sans inquiétude, elle aussi avait reconnu Léopold, et elle ne douta pas qu'il ne cherchât à lui nuire dans l'esprit de son ami. Elle passa donc dans une vive terreur tout le temps qui s'écoula jusqu'au retour du prince, et son premier regard lui apprit que Reich n'avait point parlé. Un tel procédé lui parut admirable, mais elle n'en conserva pas moins de la défiance.

Peu de jours après, le comte de Mansdorf reçut du prince regnant, l'ordre précis de faire partir son fils pour Rome. Un grand souverain devait se rendre dans cette ancienne capitale du monde, et le père d'Henri voulait que celui-ci lui fût présenté. Cet ordre, qui ne permettait pas de résistance, causa une vive douleur aux amans; mais Ernest, toujours officieux, sut l'alléger en engageant le prince à se faire suivre par la chanteuse, lui promettant d'arranger si bien les choses que le comte de Mansdorf n'en aurait point connaissance. La passion d'Henri pour Fiorina était encore trop forte pour qu'il put combattre la proposition de son jeune tentateur; bien au contraire il le serra dans ses bras, lui promettant de l'en récompenser lorsqu'il serait véritablement son maître. A la suite de cette conversation on se prépara au départ. L'engagement de la signora fut rompu, et son père accepta l'odieuse commission de la conduire au lieu où allait le prince. Celui-ci, conservant toujours l'incognito qui lui était si agréable, annonça à Léopold qu'il allait s'éloigner de Gênes.

« Si tu pars lui répliqua Reich, rien ne peut plus me retenir ici : j'erre comme toi pour mon plaisir ; tu vas à Rome, eh bien ! je veux revoir avec toi cette ville célèbre. » Le lendemain nos trois amis se mirent en route. Durant tout le voyage l'amitié augmenta entre Henri et Léopold; mais, par un effet contraire, une secrète antipathie éloignait Ernest de ce dernier. Ni l'un ni l'autre ne se pouvaient souffrir réciproquement, et Henri avait beaucoup de peine à tenir entre eux la balance égale. La franchise de Léopold commandait l'estime du Prince ; les complaisances, la souplesse de Mansdorf le lui rendaient cher également : ses soins tendaient à les rapprocher ; la chose à chaque instant devenait plus impossible.

Henri, malgré l'éloignement que Reich témoignait pour les grands seigneurs, se berçait de l'idée que ce jeune homme serait flatté d'apprendre la haute naissance de son ami, et que conduit par l'ambition, il échangerait sans peine les charmes de sa vie libre et indépendante pour les chaînes d'or d'un courtisan : que Reich lui était mal connu!

Le lendemain de leur arrivée à Rome, Léopold voulut de bonne heure entrer chez son ami Rohen : quelle fut alors sa surprise de trouver dans l'antichambre une foule de valets de pied, de pages, d'heiduques, qui, sans lui donner le temps de revenir de son étonnement, le conduisirent jusqu'au salon où était Henri, revêtu d'un riche costume, et dont la poitrine étincelait des plaques qui le décoraient. Le Prince vint à lui appuyé sur Ernest : lorsqu'on eût annoncé « Monsieur de Reich, votre Altesse ! » Léopold, à ce titre prononcé, et à cette vue, recula de deux pas.

« Qu'est-ce donc que tout ceci, Henri ? demanda-t-il avec inquiétude ; le carnaval est-il ouvert, et es-tu déjà en équipage de bal ? » — « Non, mon cher Léopold ; ce que tu vois n'est pas une illusion de tes

sens, le ciel m'a destiné une couronne. »
— « Son père, poursuivit Ernest, est votre maître monsieur de Reich, et vous voyez devant vous le prince héréditaire. »

A ces mots, Léopold fut encore plus ému. « Je dois d'abord vous faire observer, dit-il avec amertume, que n'ayant jamais pris l'incognito, il faut me laisser mon nom tel que je l'ai reçu de mon père; je ne suis pas M. de Reich, mais Léopold Reich tout court, entendez-vous monsieur de Mansdorf? Quant à vous, monseigneur, vous avez eu tort de franchir la distance qui nous sépare : désormais, tout me rappellera qu'elle existe. » — « Se peut-il, mon Léopold, lui dit le Prince avec le plus gracieux sourire, que votre amitié ne se réjouisse pas du haut rang où la fortune a placé votre Henri? ne voulez-vous point songer à tout ce que le titre de prince et de votre futur souverain peut offrir d'agréable et d'avantageux à votre fortune? »

— « Je ne sais, Altesse, ce que vous pouvez entendre par-là; je ne parviendrai jamais à rien, car jamais je ne demanderai rien : mon ambition est satisfaite ; je suis libre de toutes mes actions comme de mes pensées, et je ne troquerais point cette indépendance glorieuse pour la plus belle clef de chambellan, fût-elle d'or massif et couverte de pierreries : dès le moment où elle ouvrirait la porte d'un palais, elle fermerait sans retour celle des champs, et c'est par celle-là que je veux sortir sans embarras et sans obstacle. » — « Ainsi, vous renoncez à moi ! ainsi, celui qui m'avait dit : « Henri, je suis » à toi jusqu'à la mort, » rompt ce serment sacré sous le prétexte le plus extraordinaire ! »

— « Altesse, répliqua Léopold d'une voix altérée, il me serait difficile de cesser de vous chérir ; non, mon cœur ne sera point coupable d'une pareille perfidie : tout en vous me contraint à vous aimer. Jusqu'à ce jour je n'ai trouvé que mon ami dans le fils de mon souverain. Il ne m'a point laissé soupçonner une seule fois, par sa morgue déplacée, et par ses vains caprices, le haut rang où il prit naissance : il se montra toujours le bon, l'aimable Henri. Il écouta, sans se plaindre, les sévères leçons de la vertu, et je pus lui faire entendre la voix puissante de l'honneur ; mais aujourd'hui le pourrais-je encore! Que serais-je auprès de la foule vaniteuse dont vous êtes environné? Le fils d'un simple ministre de village marchera-t-il de pair avec les barons et les comtes allemands? Où marqueront-ils ma place auprès de vous? Quel rang pourriez-vous m'accorder vous-même dans les occasions solennelles? Je veux avoir le droit de ne jamais abandonner mon ami, pas plus dans la salle d'audience d'un palais, que sous le chaume de la plus misérable cabane ; car je sens que je le suivrais dans son infortune, comme au faîte des grandeurs. Ne venez-vous pas dans l'instant de me faire connaître cette affligeante vérité. Le *de*, dont vous avez fait précéder mon nom, n'est-il pas une preuve que vous pensez que maintenant il y manque quelque chose ? Ceci seul eût suffi pour nous séparer. Adieu Henri ! adieu mon prince ! Comptez désormais sur la fidélité la plus entière de celui qui se félicitera d'être votre sujet. »

Il dit, s'incline d'un air respectueux, sort du salon et quitte l'auberge sans attendre une minute de plus. Après son départ, des sentimens tumultueux s'élevèrent dans l'âme du Prince. Il ne pouvait revenir de sa surprise ; il avait enfin trouvé un homme qui, né dans une classe obscure, n'était pas ébloui par l'éclat du rang, ni par la faveur à laquelle il pouvait tout à coup prétendre. Le Prince avait également de la peine à pardonner à Léopold son obstination à le fuir, et, dans le premier moment, Ernest eut beau jeu pour attaquer Reich, et pour essayer à le détruire dans le cœur d'Henri. Celui-ci, toujours emporté par son dépit, convint qu'en effet il était plus convenable de former des liaisons d'amitié avec les gens que la naissance et les préjugés du monde rapprochent de notre société. On voyait bien à l'orgueil stupide de Léopold qu'il n'était pas fait pour marcher l'égal de ses supérieurs, si bien que le prince s'engagea presque avec Ernest à rompre sans retour avec le fils du pasteur d'Obernoff. Cette résolution, communiquée au vieux comte de Mansdorf, le transporta de joie : malgré la bassesse, à ses yeux, de la naissance de Léopold, il redoutait l'ascendant que le noble jeune homme pouvait prendre sur son élève, et il voyait avec satisfaction la rupture qui venait d'avoir lieu.

Pour distraire Henri, Ernest eut grand soin de lui rappeler que Fiorina était à Rome, et le plaisir de revoir la chanteuse acheva d'ôter au prince le regret de la fuite de son ami. Ernest, toujours d'après les avis de son père, faisait secrètement une cour assidue à la jeune beauté, afin de régner plus sûrement par elle, sur son ami. Fiorina, qui ne possédait aucune des vertus de son sexe, croyait de son côté avoir besoin de l'appui de Mansdorf ; aussi fut-elle loin de se montrer cruelle, et lorsque ce couple perfide se fut entendu, il se concerta ensemble pour étendre et consolider son empire sur un cœur qui demandait à l'un tout son amour, comme à l'autre toute son amitié. Dans les épanchemens de leurs confidences mutuelles, Ernest fit part à Fiorina de la crainte que lui avait inspirée la faveur naissante de Reich, et l'Italienne, à son tour, lui avoua qu'il l'avait aimée, et qu'il s'était aperçu qu'elle le trompait dans le temps où il croyait à sa tendresse extrême. Cet aveu parut précieux au chambellan : il conjura l'Italienne de se servir de ce moyen pour achever de ruiner le fils du pasteur auprès du prince, et lui traça la marche qu'elle devait suivre ; Fiorina n'y manqua point.

Henri ne tarda pas à en apprendre, et demeura convaincu que le sévère Léopold, démentant sa feinte sagesse, avait cherché à séduire la maîtresse de son ami. Ce coup fut le plus terrible : il porta, car il s'adressait à la corde la plus délicate du cœur humain, à celle qui répond à l'amour-propre et à la jalousie. Dès lors le Prince oublia la résolution qu'il avait prise, celle d'aller chercher Léopold dans le nouveau logement qu'il s'était choisi. Il cessa de l'estimer, car il le rangea dans la classe commune des hommes

Quelques jours après, suivi de Fiorina qui ne le quittait guère, il se rendit au Colisée, dont il voulait admirer de nouveau l'imposante grandeur. Comme il errait au hasard parmi cet immense débris de la puissance romaine, il aperçut debout, auprès d'un des autels élevés dans cette enceinte, Léopold Reich qui avait l'air de contempler avec attendrissement celui qui fut son ami. Par un premier mouvement, Henri allait vers lui; mais ici la jalousie fit son office ; elle ramena les regards du Prince sur sa compagne, et l'adroite Fiorina, qui avait vu pareillement Reich, fit semblant de rougir ; elle tressaillit encore en serrant le bras de son amant, et celui-ci, trompé par ce manége, se rappelant le mensonge qu'on lui avait naguère débité, sentit que la colère chassait l'amitié de son âme : il passa plusieurs fois devant Léopold sans daigner le regarder, même malgré les secrets reproches que sa conscience lui faisait en ce moment.

CHAPITRE VI.

◇

L'art des courtisans
Ne tend qu'à profiter des faiblesses des grands.
MOLIÈRE.

◇

Reich n'avait pas revu sans émotion le prince, quoique son plaisir fût amoindri par l'aspect de l'Italienne, qu'il méprisait avec toute l'indignation de sa vertu. Sans doute que si elle n'eût pas été avec Henri, il n'eût point hésité à voler dans les bras de ce dernier, non qu'il voulût renouer avec lui leur intimité première, mais il eût trouvé un vrai charme à le convaincre qu'il ne l'oubliait pas. La conduite froide et méprisante d'Henri, à son égard, blessa profondément son âme.

« Ainsi, s'écria-t-il, il ne me voit plus qu'avec dégoût! voilà où est venue aboutir la promesse solennelle de ne jamais m'oublier ! Ah ! que j'ai bien fait de prévenir la fin de sa tendresse! quelques jours de plus encore, et je serais sorti de son palais comme je le suis de son cœur. »

Après ces réflexions pénibles, le bon jeune homme s'éloigna du Colisée, et, Rome ne lui offrant plus d'attrait, il voulut prendre la route de Naples. Nous ne l'y suivrons pas maintenant; occupons-nous encore d'Henri. Fiorina, par ses caresses, et par ses propos, chercha à lui prouver que sa conduite, vis-à-vis de Léopold, avait été héroïque. Hélas ! une voix intérieure disait le contraire au prince ! Il s'affligeait de sa dureté. Vainement l'amour lui tenait un autre langage ; mais que pouvait-il faire, abandonné comme il était à deux anges tentateurs, si habiles à le conduire, et d'intelligence pour le perdre? Peu à peu l'image de Léopold s'effaça de sa mémoire : on ne lui en parlait plus, il cessa de s'en entretenir avec lui-même, et insensiblement il en perdit le souvenir. De nombreuses, de brillantes distractions s'offraient à lui de toute part; on avait intérêt à lui faire prendre le goût des plaisirs : aussi lui présentait-on sans relâche la coupe enmiellée de la volupté. Il y buvait à longs traits; les conseils de Léopold s'effacèrent en peu de temps. Henri redevint prince, et dès lors son cœur fut fermé aux douces émotions.

Cependant son père le réclama : il venait de conclure son mariage avec une princesse d'une des premières familles souveraines de l'Europe, et il voulait que cette union eût lieu dans le plus bref délai. Une telle nouvelle surprit Henri, quoiqu'il sût que sa main ne lui appartenait pas; mais il craignait de se séparer de Fiorina, vers laquelle son penchant le portait encore. Comment faire néanmoins? il fallait obéir. Dans cette circonstance, Ernest vint encore à son secours; il sut apaiser la jeune Albini, lui promit de la rapprocher du prince dès que la chose serait possible, et une forte pension qui lui fut faite l'aida merveilleusement à se consoler : elle continua à rester en Italie; mais, par l'avis de Mansdorf, elle renonça au théâtre, et se retira aux environs de Florence, où elle chercha à se distraire en attendant qu'elle pût rejoindre ses deux amans.

Henri, pour répondre aux désirs de son père, quitta Rome dès que l'ordre lui en eut été donné. Il arriva à la résidence, et sa prompte venue frappa agréablement la tendresse de son père. Les voyages, le commerce des étrangers avaient donné une aimable assurance au jeune prince, et ce fut le vieux Mansdorf qui en reçut les complimens. On le félicita sur son habileté à diriger cette éducation importante, et il fut comblé des faveurs de la cour. Plus on lui donnait, et plus il souhaitait encore ; il était loin de se montrer satisfait : à moins d'être premier ministre son ambition ne devait pas être rassasiée, et il se flattait de le devenir à l'époque où le prince Henri succéderait à son père.

Tout étant prêt pour le mariage projeté, il ne tarda pas à se conclure. Henri fut chercher son épouse : il demeura frappé des grâces modestes et de la beauté de la princesse Amélie; et il se promit de lui montrer dans toutes les occasions une véritable tendresse. Il eût même voulu l'aimer seule, mais le souvenir de Fiorina parlait encore vivement dans son imagination. D'ailleurs, son confident, le jeune Mansdorf, avait un trop grand intérêt à éloigner le Prince d'un amour légitime : il eût craint de voir diminuer sa faveur naissante, et de ruiner celle que son père espérait. Le mariage eut lieu, et fut accompagné de fêtes brillantes. On avait même le projet de les continuer durant le reste de l'année, lorsque l'éternelle ennemie des hommes, celle qui heurte d'un pied égal la cabane comme le trône, vint frapper le prince régnant. Il mourut dans les bras de son fils qui en ressentit une douleur profonde.

Le vieux Mansdorf aurait pu se croire alors au comble de ses vœux; mais au moment où il espérait faire renvoyer le premier ministre, comte de Waldein, il fut lui-même atteint d'une attaque de paralysie qui, sans le conduire au tombeau, le raya du nombre des vivans. Il végéta encore quelque temps dans cette position fâcheuse, et mourut dévoré de désespoir et d'ambition. Ernest, en cette circonstance, reçut d'Henri toutes les consolations qu'il en pouvait attendre : il fut nommé premier chambellan, et obtint toute la faveur de son maître. Il dut néanmoins renoncer à la pensée de renverser le comte de Waldein, car, privé de son père, il n'était plus de force à lutter contre un homme investi de la confiance publique, et respecté de tous par ses vertus et ses talens profonds. Le Prince lui-même, malgré sa dissipation, n'avait pas tardé à reconnaître tout le mérite d'un tel personnage : il s'expliqua, à ce sujet, et on ne songeait plus, du moins à cette époque, à ébranler un crédit qui paraissait fondé sur la plus entière estime.

La princesse Amélie s'était d'abord attachée à son époux : elle espérait mériter sa tendresse ; lui-même, par ses soins empressés, semblait vouloir l'entretenir dans cette pensée. Mansdorf s'en aperçut, et voyant qu'on ne lui parlait plus de Fiorina, il redouta que le Prince ne l'eût oubliée. Dans cette conjecture, il se décida à frapper un grand coup, et courant à son secrétaire, il écrivit la lettre suivante :

« J'espérais chaque jour, charmante
» amie, pouvoir vous fixer celui de votre
» départ de l'Italie : le prince, me disais-
» je, aujourd'hui qu'il ne dépend plus que
» de lui, sera impatient de revoir la di-
» vine Fiorina, et, dans cette croyance,
» je ne lui rappelais pas ses promesses.
» Mais plus le temps s'écoule, plus je
» commence à craindre qu'il ne change
» de sentiment. Il est sans cesse auprès
» de son épouse. Il oublie ce qu'il vous a
» promis ; il ne se rappelle plus des plaisirs
» qu'il goûta dans vos bras, ou plutôt,
» cédant à la fatalité ordinaire de l'absence,
» il en éprouve la tiédeur accoutumée.

» Gardez-vous, par une fierté mal enten-
» due, de le livrer à lui-même dans ce mo-
» ment? Hâtez-vous de paraître, et vous
» reconquerrez votre empire; et, sans com-
» bat, son cœur rentrera dans vos chaînes.
» Songez au rang brillant auquel vous pou-
» vez parvenir: une cour sera à vos pieds.
» Vous pourrez satisfaire tous les désirs de
» l'ambition, de la fortune, de l'amour
» même. Je ne doute pas que votre présence
» ne rallume avec plus de vivacité un feu
» qui est loin d'être éteint; mais il n'y a
» pas de temps à perdre. Hâtez-vous
» d'accourir. Déjà plusieurs intrigues se
» forment; toutes tendent à occuper le
» cœur d'Henri; votre vue renversera ces
» projets éphémères : le superbe esclave
» s'empressera de revenir à vos pieds dès
» que vous lui en aurez donné la permis-
» sion. Pour ne point éprouver de diffi-
» cultés à paraître à la cour, il vous faut
» prendre un titre, et vous environner
» de tout l'appareil du luxe et de la ma-
» gnificence. Sous le nom de la marquise

» Albini, on vous recevra avec joie, et le
» premier moment passé, le prince ayant
» fait connaître l'intérêt qu'il vous porte,
» votre nouveau rang vous sera acquis sans
» contestation. Je ne vous parle point de
» l'attrait particulier que j'aurai à vous offrir
» mes hommages; Fiorina n'est point de
» celles qu'on oublie; elle est toujours pré-
» sente à mon cœur, où elle règne en sou-
» veraine. »

« Oui, sans doute, s'écria l'Italienne, en lisant cette épitre, j'irai tenter la fortune qui m'a tant secondée jusqu'ici : ou le pouvoir de mes charmes sera peu de chose, ou je ranimerai la tendresse que le Prince me jurait être sans terme. »

Elle dit, et sans plus attendre elle se prépara au voyage. Son père se résolut à l'accompagner sous le titre modeste de son intendant; elle se donna des gens, une livrée, de somptueux équipages, le tout payé avec les sommes qu'Ernest lui envoya, et elle partit un mois après avoir reçu la lettre de Mansdorf. Chaque jour, le directeur de police dans la résidence avait le soin d'envoyer au prince la liste des étrangers qui étaient arrivés de la veille, et cette liste, exactement lue durant le déjeûner, servait d'aliment ordinaire à la curiosité. Un matin Henri qui la parcourait tomba sur le nom de la marquise Fiorina Albini.

« Que vois-je ! s'écria-t-il, quel nom ! »

— « Il rappelle à Votre Altesse, dit Ernest avec un sang-froid simulé, cette belle et aimable Italienne, qui ainsi que son époux nous ont reçus avec tant de grâce dans notre incursion en Toscane : vous l'engageâtes alors à venir vous voir avec le marquis si jamais ils effectuaient le voyage qu'ils avaient projeté en Allemagne, et je vois qu'ils n'ont pas manqué à la parole que vous aviez exigée d'eux. »

— « Vraiment, repartit le Prince un peu troublé, je serais heureux de leur rendre agréable le séjour de la résidence. Comte de Mansdorf, vous aurez soin de vous informer si une ressemblance de noms ne nous induits pas en erreur, et comment il se fait que celui de la marquise se trouve seul sur cette liste. Je me flatte néanmoins que son époux est avec elle. »

Après ces propos, la conversation prit une autre route : les deux intéressés parurent s'occuper d'autre chose, et nul ne pensa plus à ce léger incident.

Le Prince passa après le déjeûner dans son cabinet, où Mansdorf ne tarda pas à venir le rejoindre : il le trouva se promenant à grands pas, et peignant sur toute sa personne l'embarras et l'indécision. Dès qu'il eut vu Ernest il s'avança vers lui.

« Ah! mon cher, lui dit-il, que j'ai de remercîmens à vous faire! Sans vous j'aurais peut-être laissé deviner mon secret. Pensez-vous que cette marquise Albini soit réellement ma Fiorina? Qui a pu l'engager à venir ici sans y être invitée? Elle ne se doute guère de la position où elle me place. Que va dire la princesse, si elle vient à se douter de quelque chose? En vérité je suis tout troublé. Comte de Mansdorf, je réclame de vous un service important : courez chez Fiorina, peignez-lui mon amour, mes regrets; dites-lui qu'en épousant la fille d'un puissant monarque j'ai pris de pénibles devoirs; dites, à cette charmante personne, que je ne cesse point de l'aimer, que je satisferai tous ses désirs, que je la comblerai de mes dons; mais ajoutez en même temps qu'il m'est impossible de la revoir : il y aurait trop de danger pour mon âme. La dernière marque de tendresse que j'exige d'elle est qu'elle se mette en route sur-le-champ. »

— «Je partage pleinement votre pensée, répondit Ernest du ton le plus franc qu'il put emprunter : la présence de Fiorina dans votre cour pourrait indisposer la princesse; mais, Altesse, vous me donnez là une commission bien pénible, si j'en juge par la démarche que Fiorina fait pour vous. Cette jeune personne vous adore, vous êtes le premier qui avez fait battre son cœur, vous lui avez cent fois juré devant moi que vous l'appelleriez à la résidence dès que vous seriez votre maître, un écrit signé de vous lui en a donné l'assurance solennelle au moment de votre séparation ; elle s'en flattait, elle vient elle-même vous rappeler cette promesse, et c'est alors que vous lui ordonnez de vous fuir pour jamais ; vous lui offrez vos trésors et lui refusez votre cœur ; j'ignore ce qu'elle fera ; mais il me faut tout le dévouement que je vous porte pour me décider à aller la trouver. Cependant vous serez obéi, et j'y cours sans plus attendre. »

Ce discours adroit avait ému Henri : ses passions se soulevèrent ; elles lui représentèrent le portrait de Fiorina brillant de nouveaux charmes, elles lui rappelèrent les plaisirs qu'il avait goûtés avec elle, et cherchèrent à le subjuguer de nouveau. Ah ! sans doute, s'il eût eu auprès de lui ce Léopold qu'il avait repoussé, la victoire fût demeurée aux vertueuses pensées ; mais l'ange du bien s'était éloigné, et le démon du mal avait seul toute liberté pour l'entraîner vers le vice. Cependant Henri, soutenant le combat intérieur qui avait lieu dans son âme, ne fit rien pressentir à Mansdorf de sa dernière résolution. Ernest s'éloigna donc, fut trouver l'Italienne, l'instruisit de ce qu'elle avait à faire, et Fiorina lui prouva facilement qu'elle ne serait pas la moins habile dans la comédie qu'ils allaient jouer. Elle lui renouvela d'abord les marques de sa tendresse, et Ernest sortit des bras de la perfide pour aller tromper son trop confiant ami. Henri demeura dans une inquiétude pénible jusqu'au retour de son confident; il refusa l'entrée de son cabinet à tout le monde. Le comte de Waldein lui-même ne put y être introduit. Le Prince se flattait quelquefois que Fiorina, piquée de ce qu'il avait chargé Ernest de lui dire, n'écoutant que le conseil de l'amour-propre et de la fierté blessée, s'éloignerait sur-le-champ. Il changeait ensuite de pensée, et il désirait vivement que cette beauté témoignât l'extrême envie de le voir. « Son départ prouverait, disait-il, un cœur indifférent, et non une respectueuse obéissance. » Faible mortel ! Il était prêt à voler dans le piége auxquel on le voulait prendre. Enfin Mansdorf parut.

« Eh bien ! lui dit Henri ; que m'apportez-vous, mon cher ami? Fiorina se montre-t-elle raisonnable? » — « Je ne sais, repartit le chambellan avec un ton pénétré, le nom que vous donnerez au sacrifice qu'elle va faire : vous voulez son départ, elle ne se refuse pas à vous satisfaire ; elle accourait pleine de joie pour retrouver un amant qu'elle adorait ; elle a été reçue par un prince sévère qui la repousse. Ah ! monseigneur, que n'avez-vous pu voir sa douleur amère ! elle aurait attendri votre âme. Pressée de se retrouver près de son ami, elle a pris le titre de marquise Albini ; elle s'est donné une suite nombreuse, et, feignant de parcourir l'Allemagne pour se consoler de la mort d'un époux, elle est arrivée dans vos états remplie d'allégresse ; qu'elle se doutait peu du coup que votre indifférence lui allait porter! soumise cependant à votre décision, elle va s'éloigner de la résidence, mais elle sollicite de vous une faveur dernière, celle de vous revoir une fois. »

— « De me revoir ! Ernest, elle ! Y songez-vous ? » — « J'ai combattu sa pensée ; je lui ai dit que cette entrevue ne pourrait qu'ajouter à vos regrets mutuels ; mais, monseigneur, je ne suis pas de marbre ; je n'ai pu voir sa pâleur, ses beaux yeux remplis de larmes, entendre les gémissemens qu'elle poussait sans être attendri jusqu'au fond du cœur. Tant d'amour, oserai-je vous le dire, m'a paru mériter un peu d'indulgence ; et j'ai engagé ma parole que j'emploierai tous mes efforts pour vous porter à lui accorder une entrevue. » — « Vous avez eu grand tort de faire une telle promesse, repartit le Prince, en cachant mal la joie qu'il en éprouvait ; vraiment, je ne saurai que lui dire ; il vaut bien mieux qu'elle parte sans nous revoir ; l'effort de la séparation nous sera moins pénible. »

— « Votre Altesse, répliqua le tentateur, ne songe pas non plus aux propos que nous avons tenu pendant le déjeuner.

On sait que vous avez connu la marquise Albini; nous avons parlé de notre reconnaissance; que va-t-on penser maintenant, lorsqu'on la verra quitter la résidence sans que vous lui rendiez le moindre devoir; l'active méchanceté brodera sur cette conduite. Vous éviteriez les propos, vous satisferiez une femme bien malheureuse en paraissant chez elle : elle aurait l'air de résister à vos instances pour la retenir, et toutes les bienséances seraient ainsi à couvert. »

« Je sais bien, répondit le Prince, que ce serait le meilleur moyen de terminer cette désagréable aventure, mais je ne puis m'y déterminer. » — « Allons, Altesse, un bon mouvement, une visite peut être si courte ! Dans une demi-heure nous serons revenus. »

Henri ne répliqua pas. « Qui ne dit mot consent, » murmura tout bas Mansdorf. Il s'approcha de la cheminée, tira le cordon de la sonnette; un page se présenta. « La voiture de son Altesse ? » — « Elle est prête. » — « Monseigneur, descendons-nous? » — « Au moins, Ernest, c'est vous qui me faites faire cette pénible démarche ; je vous en voudrai toujours beaucoup. » — « Je me charge de la responsabilité de cette affaire, et je me flatte que votre courroux ne me poursuivra pas long-temps. »

Nous ne nous étendrons point sur l'entrevue qui eut lieu; Henri s'y montra faible et crédule comme tous les princes. Fiorina sut renouer les nœuds qui les avaient unis ; d'un mot elle enchaîna le prince, et ses faveurs le soumirent de nouveau au pouvoir de ses charmes. Il ne fut plus question de départ. L'Italienne, présentée à la cour, prit chaque jour un peu plus d'empire; on ne tarda pas à connaître combien le Prince avait de déférence pour ses avis : dès lors elle se vit environnée de la foule vile qui court toujours vers la faveur; elle devint la dispensatrice de toutes les grâces, et la princesse Amélie demeura complétement éloignée. Celle-ci, loin de chercher à ramener son époux par la douceur, éclata en murmures : elle se plaignit ; des scènes eurent lieu dans l'intérieur du palais ; l'active malignité ajouta son fiel à ces premières querelles, et les époux furent brouillés.

La princesse Amélie se retira alors au château qu'elle faisait bâtir au bout du parc, et ne revit le prince que dans les jours d'étiquette. Plusieurs années se passèrent ainsi ; le temps diminua l'aigreur de part et d'autre ; la princesse revint plus souvent à la résidence ; elle consentit encore à recevoir la marquise Albini, à laquelle on avait donné un appartement dans le château. Celle-ci, aidée des conseils d'Ernest, gouverna long-temps Henri sans pouvoir néanmoins lui faire renoncer à son premier ministre. Une lutte ouverte et perpétuelle était établie sur ce point ; il y avait quatre ans que le manége durait, cinq que la marquise avait paru la première fois à la résidence, et six depuis le voyage du Prince en Italie. Cette longue période avait enfin refroidi l'amour du souverain; néanmoins il n'osait pas se l'avouer à lui même; mais les courtisans avaient déjà lu dans son cœur. On s'aperçut que l'empire de Fiorina tirait vers sa fin : dès lors des cabales sans nombre furent organisées pour lui donner une rivale, par laquelle on espérait la renverser, et deux partis se formèrent dans la résidence, l'un pour la marquise, et dont Ernest était le chef ; l'autre contre elle; celui-ci dirigé par la comtesse de Sébendal. Nous verrons plus tard comment agirent ces ennemis divisés pour d'aussi misérables intérêts.

⊳◊⊲

CHAPITRE VII.

◊

Êtes-vous curieux de vieux portraits de famille ? J'ai, parbleu ! là-haut, une chambre toute pleine de mes ancêtres.
SHÉRIDAN, *École du scandale.*

◊

A une distance médiocre de la résidence, s'élevait au pied des montagnes le village d'Obernof, bâti sur le bord d'un lac, un peu au-dessus de la grande route. On avait édifié contre une colline boisée le fort château dont la paroisse avait pris le nom; là vivait depuis plusieurs siècles, dans ses successives générations, une haute et puissante famille, qui depuis long-temps dominait la contrée : le comte d'Altorn se vantait de la plus illustre origine; elle remontait également au fameux Witikind et à l'auguste Charlemagne : chacun de ses aïeux avait pris plaisir à embellir leur noble demeure, et malgré son ancienneté elle faisait encore l'objet de l'admiration du voyageur qui se détournait pour la voir. On traversait d'abord plusieurs premières cours avant d'arriver à une enceinte crénelée et garnie, d'espace en espace, de fortes tours ; au milieu de ces remparts était la masse du château : il formait un carré parfait, et dans son intérieur il renfermait une vaste cour environnée, à chacun des trois étages, d'une galerie soutenue par des colonnes gothiques de marbre de diverses couleurs. Dans le rez-de-chaussée était l'appartement de cérémonie, exaucé de quatre marches au-dessus du sol ; il se distribuait en plusieurs grandes salles ; une entre autres occupait tout une des ailes du château, et portait le nom de salle d'audience ; des piliers massifs la partageaient en trois parties comme les nefs d'une église ; à un bout s'élevait, sous un dais de velours vert brodé en or, un fauteuil richement orné, où s'asseyait le suzerain, dans les grandes cérémonies; plusieurs statues de pierre, représentant les anciens comtes d'Altorn, étaient placées de distance en distance entre les piliers qui soutenaient la voûte; des mosaïques ornaient le pavé et les portes de bronze étaient ciselées avec soin. On avait colorié et blasonné les vitraux de la salle des armoiries de la noble maison; du plafond pendaient des drapeaux, des guidons, des bannières, des écussons; plusieurs trophées militaires ajoutaient à la décoration de cette pièce, remarquable par sa beauté.

Tant de richesses frappaient les regards, mais elles étaient peu de chose aux yeux du chef actuel de la maison : un seul objet captivait uniquement son attention. Le comte d'Altorn avait tapissé cette salle d'une multitude de portraits de famille, qu'il se plaisait à regarder sans relâche, c'était là sa première et presque sa perpétuelle occupation. Il avait avec un soin extrême recueilli les figures de tous les Altorn des temps passés, celles de leurs épouses, de leurs enfans et des branches collatérales. Là, on ne voyait que de hauts barons, des princes, des ambassadeurs, des généraux, des chevaliers de tous les ordres qui existent, des évêques, des archevêques, des abbés ; pas un être vulgaire ne se trouvait dans cette réunion de personnages illustres : tous ces visages avaient autrefois joué le premier rôle sur le théâtre des cours, et ils étaient cités dans plus d'une généalogie. On ignorait le bien qu'ils avaient pu faire ; mais on connaissait parfaitement leurs combats, leurs aventures, et le moindre d'entre eux avait eu un historien.

Le comte d'Altorn, rempli constamment d'un profond respect pour ses illustres ancêtres, aimait à blasonner leur écu peint dans chaque portrait, ou sculpté dans l'encadrement : tous les matins sa première course le conduisait dans la grande salle ; il y revenait avant son dîner, il y faisait un tour au sortir de la table, et dans la soirée il trouvait l'occasion de jeter encore un coup d'œil de contentement sur cette collection tant chérie. A part son amour pour les portraits de famille, le comte ne songeait qu'à passer joyeusement son temps. Père de deux fils et de trois filles, il s'était empressé de les établir, afin de pouvoir être seul maître chez lui. Ses enfans, loin de le rechercher, le fuyaient de leur mieux, car la vie était pénible pour l'habitant du château qui avait le malheur de croire qu'on pouvait aimer autre chose que de vieilles peintures la plupart enfumées et hideuses.

Le comte d'Altorn avait eu deux sœurs, la comtesse de Sebendal était la première, madame d'Hertal la seconde. Celle-ci, restée sans être mariée après la mort de ses parens, avait eu le tort irréparable de donner son cœur à un simple gentilhomme qui devait être un mauvais sujet, car un jour il avait ri de l'attachement du comte pour ses tableaux. Depuis cette heure celui-ci le prit en une aversion sans pareille, et il chercha de toute manière à l'éloigner de sa jeune sœur.

« Sabine, lui disait-il, peux-tu te laisser séduire par un homme qui a offensé ta respectable bisaïeule, cette fameuse Gertrude à la grande dent, qui était fille d'un Prince de Hohenzollern. » — « En quoi, mon frère, répondit la jeune fille, a t-il pu outrager cette dame ? » — « En niant que son portrait a été fait d'après elle, en soutenant que ce n'est pas une peinture du temps ; la chose est pourtant véritable : imagine-toi que j'ai à peine fait faire par un habile peintre, une autre robe, une coiffure différente, changé un peu le ton de chair de la figure, et donné une plus forte saillie à la grande dent, qu'il fallait auparavant deviner. »

Ce grief, quel que fût d'ailleurs son importance, ne convainquit pas la belle Sabine, et son cœur lui parlait plus haut pour le baron d'Hertal que ne pouvait le faire contre lui la grande dent de sa bisaïeule. Le Comte y perdit donc toute sa science. Sabine voulut épouser son amant, et son frère n'eut que la ressource de la maudire d'abord, et puis de bannir le portrait de cette sœur abandonnée de la grande salle, dont il faisait un des principaux ornemens. Hélas! cet hymen ne rendit pas Sabine heureuse ; le baron d'Hertal était cadet dans sa noble maison ; sa fortune ne répondait point à sa naissance, et son mérite ne l'enrichissait pas ; colonel au service de l'Autriche, il perdit la vie peu de temps après la naissance de Louise. Son épouse infortunée ne tarda pas à le suivre au tombeau ; elle expira laissant sa fille, à peine sortie des mains de sa nourrice, sans ami autour d'elle, car elle n'avait que des parens.

Les comtes d'Hertal refusèrent de se charger de l'orpheline : un d'entre eux, qui était chanoine de Magdebourg, la mit, par faveur spéciale, dans un couvent où elle demeura jusqu'à sa dixième année. A cette époque, lassé de l'énorme dépense qu'elle lui occasionait (cent florins de pension), il déclara solennellement aux parens maternels de Louise qu'il était temps qu'à leur tour ils prissent soin de cette malheureuse enfant. La comtesse de Sebendal, à laquelle il en fit la première proposition, s'y refusa en objectant pour motif qu'elle n'était pas assez grandement logée, soit dans son immense château, soit dans son vaste hôtel de leur résidence. Le comte d'Altorn avait bien envie aussi de répondre de même; mais sa plus jeune fille, qui n'était pas encore mariée, touchée de compassion pour cette triste orpheline, engagea son père à la prendre avec lui.

Cette faveur obtenue, on envoya une femme de charge chercher mademoiselle d'Hertal, et elle vint habiter dans le château, berceau de son antique famille. Ce fut dans la galerie des portraits que le Comte la reçut, et son premier coup d'œil lui montra dans Louise la parfaite ressemblance de son infortunée sœur. Cette vue l'attendrit; et charmée d'ailleurs d'avoir un prétexte pour augmenter sa collection, il s'écria après avoir embrassé Louise :

« Que la mère et la fille profitent également de cet heureux jour, « Hans, dit-il à son valet de chambre, va dans le gardemeuble chercher le portrait de madame la baronne d'Hertal, que j'y fis monter il y a douze ans, et qu'il reprenne ici la place que sa faute lui avait fait perdre. »

Une pareille amnistie parut à tous le comble de la magnanimité, et chacun en félicita Louise, qui ne comprenait pas trop ce que cela voulait dire. Loin de partager l'amour du comte pour les peintures de famille, ce n'était jamais qu'avec une terreur involontaire que cette petite fille traversait la galerie; et lorsqu'elle était forcée de le faire, elle prenait sa course d'une porte à l'autre. Le Comte ne tarda pas à s'apercevoir de cette conduite, et plus d'une fois il murmura.

« On a beau faire, on a beau dire, on tient toujours de ses parens. Cette orpheline nous donnera du chagrin, car elle a toutes les inclinations perverses de son père. »

En parlant ainsi, Altorn regardait sa vénérable bisaïeule, la dame Gertrude à la grande dent. Emma, fille du comte, chercha, par sa bienveillante tendresse, à obtenir l'amitié de Louise; cela ne lui fut pas difficile : accoutumée depuis son enfance à la froideur des mercenaires qui l'avaient entourée, son cœur aimant courut au-devant de la seule personne qui se montra pour elle affectueuse. Elle idolâtra bientôt sa cousine ; mais elle ne put long-temps se croire heureuse auprès d'elle. Un marquis italien fut l'époux que le comte d'Altorn donna à sa fille, et la douce Louise vit partir son Emma en versant d'amères larmes. Dès ce moment elle resta seule. On l'avoit logée au second étage de cette vaste demeure, dans une chambre placée à l'un des angles du château; l'une des chambres de l'appartement s'ouvrait au midi sur le jardin et le parc; l'autre, vers l'ouest, laissait voir la belle perspective du village d'Obernof, du lac et des campagnes qui s'étendaient au delà.

Tout auprès de Louise logeait sa gouvernante, dont l'unique soin était de faire des confitures, des liqueurs de ménage pour son usage particulier, ou de lire tous les vieux romans de chevalerie qui se trouvaient dans la bibliothèque du château. L'éducation de Louise ne l'occupait guère ; lui recommander de se tenir droite, la faire écrire et broder ; voilà tout ce qu'elle savait faire. Il est vrai qu'elle y ajoutait encore de longs sermons sur les malheurs de la pauvreté, sur le respect que mademoiselle d'Hertal devait avoir pour le comte son oncle, et surtout une savante dissertation relative à la manière de faire prendre la gelée de groseille ou la pâte de coing.

Louise écoutait ces propos avec un ennui toujours croissant. Cette douce créature sentait bien, malgré son enfance, qu'une éducation ne consistait pas en ces soins minutieux : l'ennui la consumait lorsqu'elle était près de sa gouvernante, et elle ne trouvait de plaisir que lorsque, s'élançant à travers les longues galeries, elle pouvait descendre dans le jardin. Là une nouvelle vie commençait pour elle ; son empire s'étendait sur les plates-bandes garnies de fleurs, dont elle prenait un soin extrême; elle errait parmi les touffes de roses, de jasmin, de chèvre-feuille. Sa taille mince et élancée, ses yeux bleus comme la belle églantine, ses cheveux dorés, la faisaient ressembler à Flore, ou tout au moins à une des nymphes de la cour de cette déesse.

Au bout du jardin, et contre la grille du parc, il y avait un petit bosquet qui était devenu sa propriété particulière. Il entourait un charmant pavillon chinois, meublé entièrement avec les étoffes et les ouvrages de l'Inde. C'est là que Louise aimait à se reposer. Quoique bien jeune, elle se plaisait dans cette solitude, où personne ne venait la déranger, et où elle se trouvait libre de toute contrainte. Le Comte n'allait jamais visiter ce lieu, car, d'après les dispositions intérieures que l'architecte avait prises en la bâtissant, on n'eût pu la garnir de portraits, il en avait fait l'abandon à sa petite-nièce. Louise était adorée de tous les domestiques de son oncle; elle était si bonne, si reconnaissante de ce qu'on faisait pour elle, que, sans peine, on s'attachait à cette aimable orpheline. Le jardinier, surtout, était au premier rang de ses plus zélés serviteurs: Carl avait vu naître la mère de Louise; il avait reçu de nombreuses marques de sa bienveillance. Aussi, son cœur reconnaissant rapportait-il sur la fille le dévouement dont il avait été rempli pour madame d'Hertal. Louise, grâces à lui, était maîtresse souveraine dans le jardin. Carl avait soin de garnir le pavillon et la chambre de l'orpheline des plus belles fleurs de la saison ; chaque jour il lui donnait un gros bouquet, sur lequel tremblotait la rosée matinale. La première violette était pour elle, et rien ne détournait Carl de ce soin.

Touché également de la profonde retraite dans laquelle vivait la jeune Baronne, car c'est ainsi que le jardinier la désignait constamment ; il eût voulu lui procurer des distractions conformes à son âge, ou tout au moins lui donner une amie pour jouer avec elle quelquefois ; la chose n'était guère praticable. Madame Frantz, la gouvernante, n'était pas d'humeur à permettre à sa pupille de sortir de l'enceinte du château ; elle n'eût point voulu l'accompagner, afin de ne pas se distraire de ses lectures, ou de ses autres travaux intérieurs : cependant la Providence vint au secours de la bonne volonté de l'excellent jardinier.

Tout auprès du château il y avait un franc fief qui appartenait à un puissant baron de l'empire, parent éloigné du comte d'Altorn. Ce fief, distinct de la seigneurie, était entré dans cette famille par le mariage d'un de ses membres avec la belle-sœur de la dame Gertrude à la grande dent. Depuis, et à plusieurs reprises, les comtes d'Altorn avaient cherché à rentrer par achat dans cette partie de leur héritage, mais les possesseurs du fief s'étaient obstinément refusés à le vendre, non que jamais ils vinssent l'occuper, mais par la seule vanité d'avoir quelques droits suzerains dans la magnifique terre d'Obernof. Leur refus, renouvelé de génération en génération, avait toujours désolé les comtes et leur avait inspiré une haine violente contre leurs parens; haine qui régulièrement s'étendait sur tous ceux auxquels ils louaient ce manoir bâti sur le fief. Aussi toute relation était rompue entre le château et ce lieu. A peine se saluait-on lorsqu'on se rencontrait à l'église, et le reste du temps on vivait étranger l'un à l'autre comme si l'espace des mers eût séparé les deux édifices.

Dans le dernier temps, cette maison décorée de deux tourelles se trouva habitée par une famille noble, composée du père, de la mère et de deux enfans de sexe différent. M. de Schullestein était aussi entiché de sa noblesse que le premier prince de l'empire germanique, et en même temps il se livrait sans relâche à l'étude de l'astronomie vers laquelle le portait un génie particulier ; sa femme avait bien aussi quelque peu de cette morgue qui distingue en général les gens ou nobles ou anoblis, et tout occupée de broder un meuble commencé par son arrière-grand'-tante, elle oubliait que le ciel l'avait deux fois rendue mère. Il est vrai que le meuble devait faire l'admiration des générations à naître; aussi ne pouvait-on trop y consacrer tout le temps. Une tapisserie de six pièces, douze fauteuils, deux canapés, une chaise longue, deux bergères, quatre portières, des tabourets, deux écrans le composaient. Chaque pièce, brodée au petit point, portait un ou plusieurs écussons appartenans aux diverses familles qui s'étaient unies à celle de Schullestein, et, dans le nombre, on faisait remarquer, sans affectation, que celui des comtes Altorn se trouvait deux fois répété; l'or, l'argent, la soie de toutes couleurs y étaient habilement employés.

A la venue de chaque étranger, une des pièces de tapisseries était pompeusement déroulée, et les éloges qu'on prodiguait au talent de l'ouvrière, à la noblesse du dessein, les hommages rendus aux alliances illustres de la famille de Schullestein, dédommageaient amplement la nouvelle Arachnée des heures innombrables qu'elle avait employées à ce travail minutieux.

Par un effet ordinaire, la fille de la maison avait la broderie en horreur, et, quoiqu'elle eût douze ans, elle opposait une résistance indomptable à la volonté maternelle, et s'échappait de la maison chaque fois qu'elle pouvait en trouver l'occasion. Plus âgé qu'elle de deux ans, Charles, son frère, était ce qu'on appelle un véritable enfant gâté. Leur père, rempli d'amour pour l'astronomie, avait décidé de faire de son fils un second Copernic; aussi, pour ne point le distraire par d'autres études, il s'était refusé à l'envoyer au collége, et le retenait auprès de lui, l'entretenant toute la journée des constellations célestes, tandis que l'enfant eût préféré une partie de ballon. Hors cette occupation qui lui prenait plusieurs heures, Charles était maître de tout le reste de son temps; il en profitait pour battre sans cesse la campagne, et courir au village chercher les enfans des fermiers qui devaient jouer avec lui ; violent, impétueux, il mettait tout en désordre, et les pères de ses compagnons le redoutaient comme l'auteur de tous les troubles qui s'élevaient parmi la jeunesse d'Obernof.

CHAPITRE VIII.

Je lui parle, il ne m'entend pas; il me répond,
je ne le comprends pas davantage.
RESTIF DE LA BRETONNE.

✧

COMME nous l'avons déjà dit, nulle relation n'était établie entre le château et le fief, lorsque deux événemens arrivés à la fois changèrent cet état de choses. Charles se mourait d'envie de pénétrer dans le jardin du comte, et ses efforts pour s'y introduire n'avaient pas été couronnés de succès jusques à ce moment; il est hors de doute que s'il eût franchement demandé au vieux Carl la faveur de s'y promener, elle ne lui eût pas été refusée; mais ce n'était pas cette voie que notre étourdi voulait prendre, elle était trop naturelle : c'était par la ruse qu'il prétendait entrer dans ce lieu devenu pour lui le jardin des Hespérides.

Louise avait la clef d'une petite porte qui donnait sur une vaste prairie communale, et où quelquefois elle allait se promener lorsqu'elle voulait un peu mieux se distraire. Charles avait remarqué cette porte, et vu souvent en sortir l'aimable enfant qui ne le connaissait pas encore : il jeta ses idées de ce côté, et ce fut sous la protection de Louise qu'il forma le projet de voir tout à son aise ce jardin tant vanté par tous les paysans du village. Plusieurs jours se passèrent, durant lesquels il guetta attentivement si Louise ne se présenterait pas à la porte dérobée. Il s'était placé à quelque distance, et, habillé le plus modestement qu'il lui avait été possible de le faire, il épiait le moment favorable. Enfin, après une longue attente, son opiniâtreté fut récompensée; la porte vint à s'ouvrir, et Louise parut. Dès qu'il l'eût aperçue, il s'approcha d'elle, et d'une voix plaintive, il lui parla en ces termes :

6.

« Noble demoiselle, puis-je espérer de votre bonté que vous me laisserez entrer dans ce jardin pour y cueillir des plantes qui s'y trouvent sans doute, et dont ma pauvre mère a besoin pour se soigner dans sa longue maladie? »

Le cœur de Louise, bon par excellence, était incapable de repousser une prière; aussi, loin de refuser au fripon Schullestein sa demande :

« Entrez, entrez, lui dit-elle, et prenez tout ce que vous aurez besoin; je vais vous enseigner où sont mes fleurs les plus belles; ne les épargnez pas si elles peuvent être utiles à votre mère. »

Charles fut touché, malgré son étourderie, de cette naïve bienfaisance. Il eut quelque honte de tromper Louise; mais ayant réfléchi, il craignit plus encore de lui dire la vérité; et se confondant en remercîmens, il la suivit, la contemplant avec une naissante admiration. Louise le conduisit vers ses plates-bandes favorites, et cueillit un beau bouquet qu'elle força

Charles à accepter. Lui, de son côté, se plaignant de ne pas trouver ce qu'il était venu chercher, parcourut le jardin, et pénétra dans le bosquet chéri de Louise.

« Voici, dit-elle, mon pavillon ; c'est là où je passe la plus grande partie de la journée. » — « Vous y êtes toujours toute seule ? » — « Oh! oui, répondit-elle ; mon oncle ne veut pas que je m'amuse avec les petites filles de mon âge ; il dit qu'elles ne pourraient être peintes et placées dans la salle des portraits, et qu'alors je ne dois pas frayer avec elles. » Ce propos bizarre amusa Charles, quoiqu'il ne le comprît pas trop. Il demanda à Louise ce qu'elle voulait dire par-là. « Quoi! lui dit-elle, vous ne savez pas que mon oncle a une galerie toute tapissée des portaits de sa famille! Ce sont de grandes figures bien noires, qui me font peur chaque fois que le jour tombe et que je dois passer devant elles. Comment se peut-il faire que vous habitiez Obernof, et que vous n'ayez pas entendu parler de la dame Gertrude à la grande dent, comme l'appelle le comte d'Altorn, mon oncle. »

Cette description donna à Charles le plus grand désir de voir la salle dont on lui parlait; il demanda à Louise si elle ne pourrait pas l'y conduire. « Je n'oserais le faire, lui répliqua-t-elle; ce n'est pas un endroit où je puisse amener quelqu'un. Il me faudrait la permission de mon oncle ; je la lui demanderai, si vous voulez. » Charles allait lui répondre, lorsque le jardinier se présenta devant eux. «Vous ici, M. de Schullestein ! dit-il au jeune homme : et par où êtes-vous entré ? »

Cette question imprévue contraria celui à qui on l'adressait; son embarras augmenta bien davantage, lorsque Louise, s'adressant à lui: « Vous êtes donc un menteur? car vous m'avez dit que vous étiez un pauvre paysan du village. Ce n'est pas bien, vous avez eu tort de me tromper. » Cette juste colère de Louise confondit Charles, qui commençait à trouver mademoiselle d'Hertal une charmante fille, et tout en bégayant, il s'excusa de son mieux, en avouant le désir extrême qu'il avait depuis long-temps de voir tout à son aise le jardin. Le vieux Carl lui observa qu'on ne lui avait jamais refusé la permission de s'y promener. Il en convint avec franchise, et enjôla si bien le bon Carl, que celui-ci l'assura que désormais il n'aurait pas besoin de ruse pour y revenir lorsqu'il en aurait la fantaisie. Mais ce ne fut pas aussi aisément qu'il put faire la paix avec Louise. Incapable de prononcer le plus léger mensonge, celui de Charles lui paraissait un crime ; elle ne lui pardonna qu'après qu'il lui en eût fait plusieurs fois la prière ; et Carl intercéda pour lui tout en admirant les purs sentimens de la jeune personne.

Pour mieux rentrer en grâce, Charles dit à Louise que la première fois qu'il reviendrait, il amènerait Hélène, sa sœur. Cette promesse charma mademoiselle d'Hertal ; car, pensa-t-elle, les Schullestein sont nobles, et je pourrai me divertir avec eux.

Après cette conversation tenue en présence du jardinier, ils se séparèrent, et Charles revint au manoir tout enthousiasmé de sa nouvelle connaissance. Il eût bien voulu en parler à Hélène, mais son père était là à l'attendre, l'heure de la leçon d'astronomie était déjà écoulée. Dieu sait aussi les reproches que le baron fit à son fils. Celui-ci dut s'occuper de Sirius et des planètes, et jamais il ne jura tant tout bas contre les constellations de l'Empyrée. Enfin il fut libre; il put rejoindre Hélène, qui de son côté venait de quitter le métier où tout en se dépitant elle travaillait auprès de sa mère.

Charles se hâta de lui apprendre ce que nous venons de raconter : il lui vanta la beauté, la douceur de Louise, et lui donna, par ses récits, un vif désir de voir cette jeune personne dont l'âge était semblable au sien. On ne renvoya pas plus loin qu'au lendemain la visite qu'on voulait lui faire, et à l'avance, pour ne pas être gênés dans l'exécution de ce projet, qui fut tenu secret, les enfans, cette même journée, sacrifiant le temps de leur récréation, firent la plus grande partie de la tâche qui leur avait été fixée pour le jour suivant. Dès que la pendule marine de M. Schullestein, qui réglait toute la maison, eut le lendemain sonné huit heures, Charles et Hélène s'échappèrent le plus doucement qu'il leur fut possible, et se rendirent par la prairie à la petite porte où Louise les attendait déjà. On a bientôt fait connaissance à cet âge : les jeunes personnes s'embrassèrent d'abord, et puis se tenant par la main, entrèrent dans le jardin que le trio parcourut plusieurs fois en tous sens. Louise en faisait les honneurs avec une grâce infinie : elle offrait à ses nouveaux amis les plus beaux fruits auxquels elle pouvait atteindre; son rosier favori fut dépouillé pour faire une couronne à Hélène, et elle donna une branche d'oranger à Charles, ce qui était une faveur particulière.

La promenade les conduisit dans le pavillon chinois, où ils furent se reposer.

Là, Charles proposa divers jeux auxquels on joua, et, pour la première fois peut-être, ce pavillon retentit des éclats de la gaieté enfantine. Au moment de se séparer, Hélène engagea Louise à venir à son tour les voir dans leur demeure. L'orpheline, malgré la bonne envie qu'elle en avait, n'osa pas le leur promettre ; elle savait que pour sortir du château il fallait en obtenir la permission du comte son oncle, et on ne lui parlait pas facilement ; néanmoins elle s'engagea à la lui demander, et Hélène ne voulut partir qu'avec cette assurance. Jamais Louise n'eût obtenu une faveur pareille si le ciel ne fût venu à son secours, comme nous allons le voir.

L'intendant du comte d'Altorn, M. Masbach, avait été conduit, par nous ne savons quel hasard, chez M. de Schullestein. Il y était entré au moment où la baronne montrait à un curieux, avec son importance accoutumée, la tapisserie et le meuble héréditaire auquel elle travaillait depuis son bas âge ; la richesse des couleurs, l'agréable mélange de l'or, de l'argent, des soies nuancées selon les règles du blason, avaient frappé les yeux de Masbach, qui, voyant d'ailleurs çà et là appendus à la muraille quelques portraits gothiques, s'était empressé, dès la rentrée au château, d'aller en parler au Comte avec la chaleur d'un récent enthousiasme.

« Bon ! s'écria Altorn, est-ce que mes voisins (il ne s'était jamais servi de ce titre en parlant d'eux avant ce moment) seraient des personnes de goût et d'un commerce agréable ? Tu dis, Masbach, qu'ils ont des portraits de famille ? » — « En grand nombre, Excellence, et tout dorés, tout rouges, tout bleus ; c'est superbe ! » — « Et cette collection serait aussi précieuse que la mienne, aussi complète surtout ? » Ici le questionneur laissa percer dans ses paroles une visible inquiétude. « Oh ! pour avoir tant de tableaux que Votre Excellence, je ne dis pas cela ; mais pour l'éclat de la peinture et des broderies, ma foi, si j'osais exprimer ma pensée.... » — « Tu verras qu'ils auront fait peindre ces portraits tout nouvellement. Leur fraîcheur, qui te charme, est ce qui les rend moins précieux : ils ne sont pas, ils ne peuvent pas être du temps. »

Cette réflexion tranquillisa un peu le Comte; cependant, dès ce moment, le démon de la curiosité, peut-être même celui de l'envie, souffla dans l'âme du seigneur d'Obernof le désir de voir par lui-même si les aïeux de M. de Schullestein valaient ceux de sa famille. Depuis quatre ans qu'ils étaient si proches voisins, nul d'eux n'avait songé à traverser la distance qui les séparait; l'orgueil avait mis entre eux une barrière. Après plusieurs combats, le Comte se décida à la franchir. Il se rendit d'abord dans sa grande salle, et après avoir de nouveau soigneusement examiné chaque figure, comme l'eût pu faire un marchand-priseur, il partit appuyé sur sa canne à pomme d'or, bien décidé à faire subir l'examen le plus rigoureux à la collection de M. le baron de Schullestein.

En entrant dans la demeure de ce gentilhomme, il était embarrassé de sa démarche; néanmoins la vue d'un chevalier armé de toute pièce, et placé dans un grand cadre noir, tout en face du premier repos de l'escalier, l'engagea à poursuivre son entreprise. Le tableau lui parut capital, car il était d'une dimension peu commune. Il n'y avait guère chez lui que le portrait de l'arrière-petit-fils de Witikind qui pouvait soutenir la comparaison; encore même devait-il être moins grand de quelques pouces que celui dont ses regards étaient frappés. Ceci le contraria; néanmoins il songea, pour se consoler, qu'Hulbrand à la longue barbe avait un cadre magnifiquement doré, ce que n'avait pas la figure de l'escalier. En tournant sur le second repos, il aperçut un canon de cuivre placé sur une espèce de terrasse; c'était un beau télescope auquel il donnait ce nom : tout ceci augmenta encore sa bonne opinion sur la famille de Schullestein. Enfin il parvint dans la chambre du baron, toute garnie de lunettes acromatiques, de sextans, de quarts de cercle, d'instrumens d'astronomie de toute espèce, de cartes sélénographiques, de planisphères, de mappemondes; en un mot, de tout l'attirail de ceux qui passent leur vie à se mêler des révolutions de la machine céleste. Le Comte ne trouvait plus ici ce que son intendant lui avait annoncé; en même temps le baron, qu'on arrachait à un savant calcul pour déterminer le retour d'une comète, se leva cependant, et s'approcha d'Altorn. Ce dernier, appuyé sur sa canne, lui dit :

« Trouveriez-vous étrange, mon voisin, que je me sois acquitté si tard de mon devoir, en négligeant de rendre mes hommages respectueux à madame la baronne de Schullestein. Vous devez excuser les infirmités de mon âge; je sors peu, et puis d'ailleurs, je dois franchement vous le dire, tous ceux qui vous ont précédé dans cette demeure avaient des usages si différens des miens, nos goûts avaient si peu de rapports, que je ne songeais point à me rapprocher de leur famille. Je me serais conduit différemment avec vous, si j'eusse pu avoir d'abord la preuve, comme je l'ai acquise en montant votre escalier, que nos inclinations nous portassent vers les mêmes délassemens; oui certes nous aurions vécu, je vous jure, en bons amis et voisins. »

Ce discours, prononcé avec une bonhomie tempérée par la gravité naturelle au Comte, plut néanmoins à monsieur de Schullestein qui, tout occupé de son idée, comme Althorn l'était des siennes, se réjouit intérieurement de rencontrer dans un voisin un amateur de la science astronomique, et lui répondit en conséquence: « A mon tour, monsieur, je me félicite de votre démarche; mais, en même temps, je m'afflige d'avoir été prévenu. Dorénavant je vous donnerai la preuve combien je tiens à honneur de cultiver votre connaissance. Dans le moment où vous avez paru, j'étais occupé à dresser un tableau... » — « Ah! monsieur le baron, je vois que vous êtes un véritable amateur; je prends aussi ce soin-là moi-même : quel plaisir peut être plus grand que celui de s'occuper d'objets qui nous sont si précieux ? »

Le baron poursuivit en vantant les charmes de l'étude de l'astronomie. Ses expressions enthousiastes maintinrent durant quelque temps le Comte dans son erreur. Ce dernier revenait toujours au portrait placé dans l'escalier, et le baron parlait toujours de son télescope. Enfin la cacophonie fut complète lorsque, surtout, Altorn s'écria : « Vraiment son armure de fer lui sied à merveille; elle nous ramène à ces temps d'héroïque mémoire où nos anciens, couverts de leur cotte de mailles, se distinguaient dans les tournois. » — « Mais, répliqua le Baron, que voulez-vous dire par-là, monsieur le comte? Je vous assure que mon télescope n'est point en fer; il a été fabriqué à Londres, et les miroirs en sont de l'acier le plus fin. » — « Je ne lui ai pas vu de miroirs, monsieur le baron, à moins que vous ne donniez ce nom au bouclier du chevalier. »

— « Le bouclier du chevalier ! Nous ne nous entendons pas sans doute. Je vous parle, moi, de ma grande lunette de Dollon. » — « Une lunette ? ne serait-ce point par hasard cette manière de canon doré que j'ai aperçu au second repos de votre escalier, près d'une fenêtre du vestibule? » — « Oui, certainement, pièce capitale, car je l'ai bien payée pour » telle. » — « Je vous avoue que je ne songeais guère à elle. Je vous parlais de ce tableau représentant ce chevalier armé de toutes pièces.... » — « Quoi! monsieur le comte, une pareille vieillerie pouvait vous occuper? J'ai cru qu'aimant comme moi l'astronomie.... »

— « Et moi, monsieur le baron, trompé par un faux rapport sans doute, je me figurais que, jaloux d'augmenter votre collection de portraits de famille, vous y donniez tous les momens dont il vous était possible de disposer. » Ici il s'ensuivit une explication qui prouva aux deux gentilshommes que ni leurs goûts ni leurs habitudes ne les rapprochaient. Cependant Schullestein, qui avait assez de bonhomie dans le caractère pour consoler Altorn de sa méprise, le prévint que la Baronne aimait passionnément les généalogies, et que même elle en brodait une dans ce moment. Ceci réconcilia un peu le Comte avec la démarche qu'il se reprochait d'avoir faite inconsidérément; il demanda alors la permission de se présenter à la maîtresse de la maison, et le Baron, sur-le-champ, le conduisit chez elle.

CHAPITRE IX.

◇

Enfans ! ainsi toujours puissiez-vous être unis.
RACINE, *Athalie.*

◇

La dame, instruite de la venue du comte, demeura persuadée qu'il viendrait dans son appartement. Voulant, dès la première vue, obtenir des droits à son admiration, elle avait fait établir dans la salle du travail toutes les pièces déjà faites du meuble héraldique, ayant eu l'attention de placer d'une manière apparente les deux écussons des alliances avec les Altorns. Le comte, en entrant dans ce lieu, retrouva l'hilarité que lui avait enlevée l'explication de Schullestein ; il remarqua d'abord les portraits dont son intendant lui avait parlé, et de plus, l'aspect de la somptueuse broderie produisit son effet accoutumé.

Immédiatement après les premiers complimens, le Baron demanda la permission de se retirer pour aller continuer ses tables astronomiques ; et le Comte, demeuré seul avec la dame, ne tarda pas à entrer en matière. Ici il vit avec satisfaction qu'il serait entendu, et il entama sa conversation favorite. La dame lui riposta de son mieux, et témoigna un vif désir de voir le château d'Altorn, et surtout la galerie si justement célèbre dans le pays. On ne pouvait faire un plus doux compliment à celui qui en était le propriétaire ; aussi se confondit-il en remercîmens de reconnaissance. De son côté, il paya un juste tribut d'éloges au travail de la Baronne, qui, en femme équitable, en fit rejaillir une partie sur sa grand'-tante, sa grand'-mère, sa mère, et toutes les dames de Schullestein qui avaient commencé cette précieuse broderie.

Tout en l'examinant avec la plus scrupuleuse attention, le Comte remarqua enfin les

deux écussons de sa famille, et il en demeura
charmé; mais combien ses transports augmentèrent lorsque la dame lui confia que
le portrait du chevalier placé dans le vestibule était celui d'un comte d'Altorn, père
d'une baronne de Schullestein ! Néanmoins
un cuisant déplaisir tempéra ce premier
mouvement de joie. La copie ou l'original
de cette peinture représentant le comte
Othon le Hardi, n'existait point dans
la collection du château d'Obernof qui,
par cela seul se trouvait incomplète ; ce
fut pour le vieux seigneur un moment
bien pénible. Il se livra dès lors aux plus
vastes réflexions, et chercha dans sa tête
tous les moyens qui pouvaient être mis en
jeu, à l'effet de rentrer en la possession
d'une pièce unique, et malheureusement sortie de sa famille. Combien de fois il regretta
l'incurie du comte Rodolphe, fils de cet
Othon auquel, sans balancer, il attribua
la perte de ce tableau tant regretté. Quelle
que fût la violence de son désir, il se garda
bien de la faire paraître : car jugeant la

baronne d'après lui, il ne douta pas qu'elle n'attachât une haute importance à la *portraiture* d'Othon le Hardi, et ce ne devait pas être une petite affaire que de l'engager à s'en dessaisir. Il jeta donc la conversation sur un autre objet ; puis, par une transition adroite, il se remit à louer le meuble sans pareil avec des expressions qui enchantèrent la dame.

Sur ces entrefaites, Charles et sa sœur Hélène entrèrent dans le salon. Le comte, en les voyant, fertile à chercher tous les moyens de séduction pour parvenir à son but, imagina de parler de sa nièce, du désir qu'il aurait de la voir se lier avec la jeune baronne. Et Hélène, enchantée, s'apercevant de ce que la fortune faisait pour elle en ce moment, crut l'occasion favorable, et raconta par quel hasard elle s'était déjà liée avec Louise. Cet aveu charma Altorn ; il promit de ne pas tarder à envoyer l'orpheline rendre à sa nouvelle amie la visite que celle-ci lui avait faite. Peu de temps après, il se retira ; et en descendant l'escalier, il ne put s'empêcher de jeter un regard et de passer en soupirant devant le célèbre Othon le Hardi.

Tout rempli du désir de reprendre cette peinture vénérée, il rentra dans son château, et pour la première fois de sa vie, ce fut avec dépit qu'il contempla sa collection; ne venait-il pas d'acquérir la certitude qu'elle n'était pas complète. Il eut bientôt décidé la place où aurait dû être le portrait d'Othon, et, sans plus attendre, il la fit dégarnir afin qu'elle se trouvât prête lorsque son propriétaire viendrait l'occuper solennellement. Louise, abandonnée de son oncle, n'avait jamais peut-être été officiellement demandée par lui; aussi la pauvre enfant éprouva-t-elle une inquiétude réelle, quand un valet de pied du comte lui vint ordonner de se rendre près de lui dans le plus bref délai possible. Elle n'osa cependant désobéir.

Quoique bien jeune, Louise connaissait sa pénible position; elle sentait amèrement sa dépendance, mais sa douceur, la bonté de son caractère, lui aidaient à être moins malheureuse, en se soumettant à sa mauvaise fortune. Des semaines entières s'écoulaient sans qu'elle parût devant son oncle, puisque jamais elle ne mangeait à sa table; c'était toujours avec sa gouvernante qu'elle prenait ses repas. On lui faisait une robe neuve chaque été, et une autre plus forte tous les hivers; un simple chapeau de paille couvrait ses beaux cheveux dans la mauvaise saison ; le reste du temps sa tête était nue, hors lorsqu'elle la ceignait d'une couronne de roses ou de bleuets; mais si les parens ne s'occupaient guère d'elle, son premier père, le souverain Créateur de toutes choses, ne la délaissait pas. Il veillait attentivement sur cette innocente créature, et les anges l'embellissaient de toutes les vertus ; de toutes les qualités, précieux apanages de la jeunesse et de l'innocence.

Comme nous l'avons dit, Louise sentit battre son cœur en écoutant le messager de son oncle ; elle redouta, qu'instruit de la visite qu'elle avait reçue du jeune Schullestein, il n'en fût courroucé, et qu'il la mandât devant lui pour la gronder sur sa hardiesse à recevoir des gens qu'il ne voulait pas chez lui. Elle fut donc agréablement surprise lorsque le Comte, en la voyant, lui dit:

« Bonjour, mon enfant, comment te portes-tu? Il me semble que tu es bien pâle, tu ne prends pas assez de distraction. Je me félicite que tu aies fait la connaissance de mademoiselle et du jeune baron de Schullestein; ce sont des gens de qualité bien faits pour être de ta société; et je vois avec une vive satisfaction que le hasard vous a rapprochés; et viens d'apprendre d'eux-mêmes que ce matin ils étaient venus te voir: il ne faut pas tarder à leur rendre cette première politesse; tu les engageras à venir au château. Où les as-tu reçus tantôt? »

— « Dans le pavillon du jardin, mon oncle; » dit la petite fille bien joyeuse de la tournure que prenait la chose. — « Et qu'avez-vous fait pour vous distraire? »

— « Nous avons joué à toutes sortes de jeux, et nous avons conversé. Ils auraient bien eu l'envie de voir votre belle salle des portaits, mais je n'ai pas osé les satisfaire sur ce point. » — « Tu as eu le plus grand tort, ma chère enfant; j'aurais été charmé de la leur montrer moi-même; mais puisque vous vous êtes entretenus de ma collection, il n'est point qu'ils ne t'aient parlé de celle de leur famille : assurément ils t'auront dit quelque chose du portrait si remarquable d'Othon le Hardi comte d'Altorn, qui, par une négligence impardonnable, fut enlevé du lieu où le ciel et les convenances avaient marqué sa place. »

— « Non, mon oncle ils ne m'en ont point parlé. » — « Oh! c'est qu'ils craignent sans doute que je ne le réclame : j'en aurais assurément le droit, car ces sortes de collections doivent être comprises dans les biens subtitués, et on n'a pu s'en dessaisir sans violer la loi de la transmission héréditaire. » Cette partie du discours devenait trop élevée pour l'orpheline, aussi son oncle s'en aperçut. « Tu peux te retirer, ma nièce, lui dit-il; n'oublie pas que demain, sans faute, il faut que tu ailles chez la baronne Hélène : je te prie de bien cultiver son amitié. »

Après avoir parlé ainsi, le Comte renvoya Louise, et, tout occupé de son idée de substitution, il manda son intendant Masbach qu'il voulait consulter sur cet article; dès qu'il l'aperçut : « Eh bien! Masbach, lui dit-il, vous aviez raison, il y a de fort belles choses chez les Schullestein : non, comme vous me l'aviez dit, que leur collection puisse soutenir la moindre comparaison avec la mienne, mais dans le nombre des tableaux qui la composent, il s'en trouve un dont le mérite,... l'importance.... Tenez Masbach, je ne le dirai à personne qu'à vous parce que vous avez toute ma confiance, mais ce seul portrait est à mes yeux d'un prix inestimable. Figurez-vous, mon cher ami, que c'est celui du fameux Othon le Hardi, le seul que je ne possède pas. Il

7.

paraît que le fils de ce comte d'Altorn, en donnant à sa sœur le fief des Schullestein, acheva, par la plus coupable indifférence, de nuire considérablement à la majesté de sa famille. Oui, tout me fait présumer qu'il céda pareillement à la nouvelle épousée le beau tableau représentant le comte Othon en costume de chevalier, et l'insensé ne sut pas en garder même une copie. Je savais bien que je ne possédais pas la figure de ce célèbre pesonnage, aussi je n'en parlais jamais; j'avais bien trouvé un portrait que j'avais mis à sa place afin de ne pas apprendre aux étrangers combien nous étions incomplets sur ce point. Hélas! jugez de ma peine, je dirai presque de ma honte, lorsqu'en entrant chez le baron, j'ai vu face à face de moi, au milieu de son escalier, dans le lieu le plus apparent de la maison, ce portrait remarquable. Je n'aurai de repos qu'il ne soit en mon pouvoir; mais comment faire pour l'y mettre? Ne pensez-vous pas qu'en vertu de la substitution qui nous régit depuis 1312, je pourrais réclamer ce portrait comme une des propriétés qui devaient être inaliénables ? »

Le Comte se tut et attendit avec anxiété l'opinion de l'intendant. Quel que fût le désir de Masbach d'être agréable au Comte, il ne pouvait cependant lui donner dans ce cas une réponse favorable; aussi lui dit-il en hésitant : « C'est fâcheux, Excellence, que nous ne l'ayons pas su plus tôt, on aurait pu faire les démarches en temps utile Au lieu que maintenant la prescription... »
— « Hélas! il y a plus de trente ans que l'iniquité a été consommée, le comte Rodolphe maria sa sœur en 1467, et je soupçonne que le portrait a été donné à cette époque; ainsi les moyens légaux me sont interdits. »

— « Je n'aperçois, Excellence, que la voix de la persuasion. » — « Ah! jamais ils ne voudront se rendre à mes instances; pensez-vous que je consentisse à céder ma bisaïeule, la dame Gertrude à la grande dent, quand bien même le prince de Hohenzollern viendrait la réclamer en personne. » Après avoir ainsi parlé, le Comte congédia son intendant ; il passa dans sa galerie où il regarda en soupirant les effigies de ses pères, et, depuis ce moment, un souci, toujours présent, vint le tourmenter au milieu de sa seule jouissance.

Le lendemain, vers les dix heures du matin, Louise, accompagnée de sa gouvernante, se rendit chez la jeune baronne Hélène, qui l'accueillit avec une extrême amitié. Dès que Charles eut appris sa venue, il abandonna son père, occupé en ce moment à lui tracer la marche des comètes vagabondes, et d'un saut se rendit dans le jardin où les deux amies étaient descendues. Louise ne le vit pas venir avec satisfaction ; elle le trouvait trop pétulant, et elle ne pouvait encore oublier le mensonge à la faveur duquel il était entré dans les bosquets du château de son oncle. L'impétuosité de Charles déplaisait à cette fille douce et timide ; elle avait peine à s'accoutumer à tant de vivacité. Hélène lui convenait mieux ; peu à peu cependant, elle s'apprivoisa avec le jeune baron, car celui-ci, auprès d'elle, cherchait parfois à vaincre son caractère : il éprouvait déjà quoique bien jeune le pouvoir irrésistible de la beauté.

Une liaison complète unit le jeune trio; on ne tarda pas à devenir inséparable: on se réunissait, chaque jour, à l'heure de récréation, lorsqu'on avait fait sa tâche, soit d'étude d'astronomie, ou de broderie, ou de soin de ménage ; on allait se promener ensemble, tantôt dans le jardin du château, tantôt dans le parc, dans la belle prairie, et sur le bord du lac. Charles, à la tête des enfans du village, représentait quelquefois les anciens tournois de la chevalerie ; souvent il s'essayait avec ses camarades à remporter le prix de la course ou celui de la lutte. Louise et Hélène distribuaient les prix : c'était ou une guirlande tressée par la main des deux baronnes, ou une branche de laurier. Maintes fois on donnait une couvée de petits oiseaux enlevés à leur mère, qui volait à l'entour en poussant des cris de douleur : alors Louise essayait d'attendrir le vainqueur, et elle en obtenait parfois le don de la nichée qu'elle allait en cachette replacer sur un buisson éloigné. Clarles, comme le plus noble de la troupe, en était presque toujours le chef : chacun le redoutait; on ne lui disputait que bien rarement la suprématie. Il jouissait pleinement de cette déférence; mais quelquefois un audacieux venait se mêler à leurs jeux, et quand il paraissait, le trône de Charles n'était plus posé sur des bases solides.

Le pasteur du village d'Obernof, ministre justement considéré par ses rares talens, et plus encore par les vertus, noble apanage de son âme, était veuf depuis plusieurs années; il ne lui restait de son union, avec une femme adorée, qu'un fils sur lequel reposait toute sa tendresse : il donnait tous ses soins à son éducation, et parvenait principalement par ses avis à rendre Léopold digne d'être l'enfant d'un tel père. M. Reich (c'était le nom du pasteur) devait avoir de la fortune, car il fournissait presque lui seul à tous les besoins des indigens de la contrée. Les pauvres ne paraissaient jamais au presbytère sans recevoir des consolations et des secours. M. Reich ne s'en tenait point là ; il allait dans les chaumières épier les besoins des villageois : aussi tous les habitans d'Obernof le portaient dans leur cœur, et le respect qu'on avait pour son ministère ajoutait à l'attachement qu'inspiraient ses qualités.

Si cet homme estimable prodiguait son bien aux malheureux, il n'en usait pas moins libéralement envers son fils : il s'était d'abord chargé lui-même d'enseigner à Léopold les langues grecque et latine, française et italienne ; un maître d'anglais avait été également appelé. Le jeune homme, en outre, savait faire des armes et peignait assez agréablement ; mais si son éducation avait été bornée à ces connaissances que tout le monde peut acquérir, on aurait pu le ranger dans la classe ordinaire, et le but du ministre n'eût pas été rempli. Son père, en s'occupant de son esprit, s'était bien gardé de négliger l'instruction de son âme : il lui avait appris à être juste ; il avait cherché à développer en lui les qualités précieuses du cœur. Léopold, au reste, vivant en simple villageois, couché durement, accoutumé à tous ces exercices qui fortifient ou développent le corps de l'homme, resplendissait de force, de santé et d'énergie. Toujours riant, toujours empressé à suivre son père, à imiter son exemple, il se faisait idolâtrer de tous les villageois, et particulièrement des enfans de son âge ; ceux-ci aimaient par préférence à se réunir à lui, et on le désignait sous le nom du cher Léopold, comme le jeune baron de Schullestein, sous celui du malin Charles.

Reich, dès son bas âge, avait aimé la lecture avec avidité ; son père prit soin d'attiser ce goût par excellence ; il choisissait seulement les livres qu'il voulait lui laisser lire, et Léopold, nourri des histoires des républiques grecques et romaine, s'identifiant avec les citoyens d'Athènes et de Rome, avait pris d'eux la haine de la tyrannie et l'amour de la liberté. Les conversations du ministre le fortifiaient dans ces sentimens : il ne cessait de lui répéter que l'égalité était la condition primitive du genre humain, et que l'être vertueux marchait de pair aux yeux de Dieu avec les premiers monarques du monde. Léopold ne s'arrêta pas là : il pensa, avec quelque raison peut-être, que le juste est bien au-dessus du prince vicieux, et que plus le rang est élevé, plus le méchant doit être méprisable. Cette manière de voir donnait à l'adolescent une énergie rare à son âge : à aucun prix on n'eût pu parvenir à lui faire déguiser la vérité ; lorsque par hasard il avait fait quelque faute, il se hâtait noblement de l'avouer à son père, et recevait sans murmurer la punition qu'il lui voulait infliger : aussi jamais n'était-il injustement soupçonné, et lorsqu'il avait dit : « Père, ce n'est pas Léopold qui a fait cela, » le ministre ne concevait contre lui nulle arrière-pensée. Docile aux désirs du pasteur, il était toujours occupé à se rendre agréable à tous ses voisins ; adroit autant qu'on peut l'être, il employait tous ses loisirs à s'amuser d'une manière utile ; rarement il quittait le jardin du presbytère, surtout depuis que le baron Charles était venu se mêler aux jeux des villageois. Léopold s'était laissé prévenir contre ce jeune homme; d'abord à cause de son ton de fierté, puis parce qu'il avait paru vouloir exiger des paysans des marques de déférence que Reich ne croyait pas lui être dues.

« Tu as tort de lui résister, disait à ce dernier le fils du fermier Tholh ; c'est un baron. » — « Un baron ! se porte-t-il mieux que toi ou que moi? sa taille diffère-t-elle de la nôtre? reprit Reich. Je ne sais si le monde l'a nommé seigneur ; la nature avant tout n'en a fait qu'un homme. » Cette réponse, au-dessus de la portée ordinaire des enfans de quatorze à quinze ans, était dans Léopold le résultat de son éducation et des discours de son père.

Charles, de son côté, avait bien cherché à soumettre Reich à ses volontés, mais la ferme résistance qu'il avait éprouvée dans plusieurs circonstances où ce désir avait été manifesté, le contraignit à y renoncer sans retour. Mais si les autres adolescens lui cédaient avec plus de facilité, ils ne le voyaient qu'avec une sorte de regret, tandis que chacun courait vers Léopold lorsque celui-ci, abandonnant ses amusemens solitaires, venait se mêler à la troupe joyeuse. A sa vue, on poussait de grands cris de joie, et sur-le-champ les groupes, d'une voix unanime, proclamaient Reich pour leur chef. A lui seul appartenait le droit de désigner les jeux, et le pouvoir d'emprunt de Charles disparaissait en même temps. Aussi, comme on le peut croire, celui-ci n'étant guère disposé à accueillir Reich, ne le voyait paraître qu'avec mauvaise humeur; plus d'une fois ils avaient eu ensemble des démêlés; mais Léopold constamment s'était montré supérieur à son ambitieux rival. Hélène et Louise ne partageaient pas cette haine : bien au contraire, elles aimaient Reich de tout leur cœur : car autant il était fier et repoussant avec Charles, autant il se montrait doux, aimable et complaisant auprès des jeunes filles. Louise était surtout sa favorite, et elle prenait quelque plaisir à voir soumis à ses volontés celui qui, souvent, faisait plier celles de tous ses camarades.

CHAPITRE X.

Ce sont les usages de nos pères, je n'en démordrai pas   RAYNAUD.

De tout ce qui pouvait fâcher Schulle-ein, la chose par excellence pour lui, et [cel]le qu'il pardonnait le moins à Léopold [é]tait cette préférence que l'orpheline lui [ac]cordait, Charles s'en montrait vivement [ja]loux et cherchait de toutes manières à les [c]ontrarier l'un et l'autre sur ce point.

Un assez long espace de temps s'écoula [d]urant que les enfans grandirent, portant [d]éjà dans leur âme le germe des pas[si]ons qui devaient tourmenter le cours de [le]ur existence. Un jour que Léopold revenaît de la promenade, son père fut au-devant de lui, et le prévint que son parrain venait d'arriver. Ce parrain était un Allemand de la vieille roche, toujours costumé à la mode du temps passé, ayant son visage plus qu'à moitié couvert d'une énorme perruque; des lunettes vertes sur les yeux, et d'une dimension extraordinaire; une bande de taffetas s'étendait sur presque toute la joue gauche, ce qui laissait à peine de quoi voir de quelle couleur pouvait être la figure de M. Schalborg. Ce bizarre personnage, que personne ne connaissait dans Obernof, ne manquait pas chaque année de venir une fois dans l'automne chez le ministre Reich, lui faire une visite d'amitié, et embrasser le jeune Léopold, dont il avait été le père spirituel. Il arrivait le samedi d'une semaine, et repartait le même jour de la semaine d'après. Il paraissait le dimanche à l'église de la paroisse, assistait au prêche avec recueillement, saluait en sortant les villageois émerveillés de sa figure extraordinaire, et puis rentrait chez le ministre, d'où il ne ressortait que pour partir.

Le jour de l'arrivée du vieillard était une fête pour Léopold, qui était singulièrement chéri de son parrain, qui le comblait des plus tendres caresses. Il employait tout son temps à lui faire rendre compte de ses études de l'année, et on voyait sous ses lunettes ses yeux briller de joie ou se remplir de larmes lorsqu'il jugeait avantageusement les progrès de son bien-aimé filleul. Ce n'est pas que quelquefois il ne montrât un peu de mécontentement lorsque, par exemple, l'enfant, par une réponse un peu fière, lui prouvait qu'il n'estimait les hommes qu'en raison de leur vertu.

« Diantre, disait-il alors, en regardant le ministre; mon filleul ne prendra jamais à la cour. » — « Aussi, répliquait Reich, mon fils ne m'a pas été donné pour en faire un serpent d'antichambre ; il ne saura pas, je l'avoue, ramper ou siffler à propos. Il ne mesurera pas de son œil abaissé les

7*

ornemens d'un tapis : mais il ira, le front
levé, se placer parmi les hommes dignes
de l'être, parmi le premier ornement de la
création. Voilà pourquoi je soigne son enfance. Si j'avais voulu en faire un chambellan, un courtisan servile; eh bien! au lieu
de l'élever moi-même, je l'eusse placé dès
son bas-âge, en qualité de valet de pied
chez le comte d'Altorn, ou chez quelque
autre grand seigneur : il eût fait là un digne
apprentissage. »

— « Vous avez peut-être raison, disait
Schalborg, » — « Ah, oui ! mon père a
raison, disait l'enfant; je ne sais point me
plier devant mon semblable; le ciel ne
m'a point donné les genoux d'un chameau.»
Telles étaient les conversations de ces trois
amis lorsqu'ils se trouvaient ensemble la
dernière fois qu'ils se virent, et c'est celle
dont nous avons parlé plus haut. Shal-
borg annonça à son filleul que l'année prochaine, à la même époque, il viendrait
le chercher pour lui faire commencer ses
études de droit public dans une université;

et de là le lancer, en le faisant voyager sur la mer orageuse du monde. Léopold éprouva quelque satisfaction à la pensée de sortir de l'espace étroit où il était renfermé. Néanmoins son cœur se serra lorsqu'il vint à réfléchir que de temps se passerait avant qu'il se retrouvât dans les bras de son père ; peut-être même fut-il jusqu'à songer à la peine qu'il ressentirait à s'éloigner de mademoiselle d'Hertal.

Comme nous l'avons dit ailleurs, le comte d'Altorn avait formé le projet de s'emparer avec le temps du portrait de son aïeul, et il sentait bien qu'il n'y parviendrait pas sans peine ; il jugea donc que dorénavant une entière intimité devait s'établir entre le château et le manoir. Il reçut, avec toute la magnificence de ses pères, la baronne de Schullestein, lorsqu'accompagnée de son époux, elle vint lui rendre sa visite. Il ne manqua pas de les conduire dans la galerie des portraits de famille, et tandis que ses hôtes examinaient cette collection, il dit presque en soupirant à la baronne :

« Remarquez-vous cette place vide? c'est de là que fut enlevée l'effigie de l'illustre Othon le Hardi, comte d'Altorn. »

Il attendait le plus grand effet de cette observation qui devait lui servir pour entrer en matière; mais ce fut peine perdue ; on ne l'entendit point : M. de Schullestein cherchait une fenêtre favorablement placée pour une observation météorologique qu'il faisait en ce moment, et la baronne remarquait la coupe de la robe nuptiale d'une comtesse d'Altorn. Il conclut de ce silence, qu'il crut prémédité, qu'on feignait de ne pas le comprendre, parce qu'on ne voulait point entrer en pourparlers avec lui sur un objet qu'on n'était pas disposé à lui abandonner. Le Comte néanmoins ne se tint pas pour battu : et voyant l'attention toute particulière que la baronne donnait à un beau portrait de femme dont la figure était autant agréable que le costume singulier, il imagina de se permettre un petit anachronisme, se figurant qu'on ne s'en apercevrait pas.

« Celle-ci, dit-il, est la femme du chevalier Othon le Hardi; il est dommage que le portrait du mari ne soit pas en regard avec celui de la comtesse. » — « Vous vous trompez, comte d'Altorn, lui répondit la baronne, cette dame ne peut être celle dont vous me parlez : ses vêtemens sont plus récens au moins de deux siècles. » Ce fut un véritable crève-cœur pour le châtelain que d'entendre cette réponse : outre qu'elle battait en ruine ses connaissances en costumes anciens et modernes, elle le convainquait encore plus que la négociation au sujet de son aïeul était bien loin de pouvoir être entamée. Il eut grand soin, malgré son désappointement de conduire la baronne jusqu'aux dernières cours de son château lorsqu'elle se retira. Deux jours après il se rendit chez elle, et depuis ce moment il manqua rarement d'aller chaque jour faire sa partie de piquet, quelle que fût sa douleur en apercevant toujours en montant l'escalier du manoir, le tableau qu'au prix d'une partie de sa fortune il eût voulu voir dans sa galerie.

Le comte d'Altorn toujours occupé de sa seule pensée, était le premier à engager Louise a passer la plupart des journées chez le baron de Schullestein. Il ne s'avouait pas son dernier château en Espagne : il n'avait pas de filles à marier, sa nièce lui restait seule ; un mariage avait fait sortir le portrait souhaité de la famille, un mariage pouvait l'y faire rentrer. Ceci lui semblait bien encore incertain; il ne songea pas moins que la chose n'était pas impossible, et cela lui suffisait pour le moment. Il ne s'était pas occupé, comme nous l'avons dit, de la parure de l'orpheline, et hors ses deux robes annuelles, l'enfant abandonné n'avait jamais eu le plus léger cadeau. Quelle ne fut pas sa surprise et celle de sa gouvernante, lorsque le Comte ordonna qu'on fît à sa nièce les vêtemens les plus somptueux et surtout les plus à la mode ; ceci était plus difficile, car les habitans d'Obernof communiquaient peu avec la résidence ; aucune grande route ne passait dans le village, peu d'étrangers y venaient ; d'ailleurs ce n'était pas sur le modèle des femmes de la bourgeoisie que le comte d'Altorn eût voulu qu'on prît celui de sa noble nièce.

Il avait bien quelque envie d'envoyer une femme intelligente à la résidence, lorsqu'il vint à réfléchir que la messagère ne serait certainement pas admise aux cercles de la cour, et, par conséquent, qu'elle ne rapporterait que des idées vulgaires sur la mise des personnes de haute extraction.

Tandis que les réflexions se présentaient en foule à son esprit, il jeta les yeux autour de lui et les porta sur la glorieuse et muette assemblée qui siégeait accrochée à la muraille de sa galerie : un regard l'éclaira ! Le comte se frappa le front, et tout joyeux de sa découverte, il décida que Louise devait être vêtue comme l'était la feue comtesse d'Altorn le jour où elle fut présentée à leurs Altesses. En conséquence on acheta du velours incarnat à six poils, un beau lampas épais comme un thaler, et on coupa les riches étoffes sur le modèle offert dans le portrait. Figurez-vous une jeune fille mince, élancée, qui, devait laisser apercevoir sous une simple mousseline un corps leste et dégagé, qui légère comme un faon, poursuivait les papillons voltigeant dans le jardin, simplement vêtue d'une robe sans falbalas ou festons; voyez-la, dis-je, dans le nouvel accoutrement inventé par son oncle. La robe de velours avec trois galons d'or, des manchettes de dentelles tombant à moitié bras, une haute coiffure avec deux rangs de perles, une carcasse de gaze surmontée de cinq plumes blanches et rouges, d'énormes girandoles qui avaient appartenu à la défunte. Hélas! il ne manquait plus que du fard, et la mascarade eut été complète; on s'extasiait au château sur une pareille magnificence, et la pauvre Louise en était désolée; malgré son désespoir, elle n'osait cependant se plaindre devant son oncle qui, s'applaudissant de ce chef-d'œuvre de goût, se préparait à la conduire chez le baron de Schullestein.

Il ne doutait pas que sa nièce ne frappât vivement les yeux du jeune Charles : « l'amour, disait-il, viendra à la suite; » et tout en arrière, il voyait Othon le Hardi rentrer dans sa place soigneusement conservée. Le ciel, heureusement, eut pitié de l'Orpheline, et voulut lui épargner les moqueries qui eussent été le résultat de la folie de son oncle. Au moment où ils allaient sortir, le bruit d'une voiture traversant la cour intérieure se fit entendre, et causa une étrange surprise au Comte. Depuis un temps immémorial, la porte de cette dernière cour n'était ouverte que pour les seuls membres de la famille d'Altorn aucun des enfans de celui-ci n'était attendu; qui donc pouvait arriver sans s'être fait annoncer. Déjà il appelait ses gens pour qu'ils fussent s'en informer, lorsque son premier valet de chambre, s'empressant d'ouvrir les deux battans de la porte de la galerie où se trouvaient le Comte et sa nièce, annonça solennellement madame la comtesse de Sebendal.

O surprise ! c'était la sœur du maître du château, qui, depuis cinq ou six ans ne lui avait rendu aucune visite; elle habitait cependant la résidence, mais, tout enfoncée dans les importantes occupations des courtisans, elle n'avait jamais le loisir de venir chez un frère qui supportait son indifférence avec une entière tranquillité. Dès que le Comte eut entendu prononcer le nom de sa sœur, il courut à elle et l'embrassa ; mais la dame lui rendit à peine ce baiser fraternel, tant la mise bizarre de l'orpheline lui parut complétement ridicule, et dès l'abord elle attira toute son attention.

« Mon frère, dit-elle en retenant un peu son extrême envie de rire, quelle est donc cette petite fille et à quelle mascarade la conduisez-vous? » — « Comment, ma sœur, qu'entendez-vous par-là, je vous prie ; c'est mademoiselle la baronne d'Hertal, votre nièce et la mienne, et elle est vêtue ainsi que doit l'être une personne de son rang. D'ailleurs la preuve est aisée à produire, voilà (poursuivit-il en montrant le buste de sa défunte femme) le patron de la robe sur laquelle on a taillé celle de Louise. »

— « Mais à quelle fin, je vous en conjure, avez-vous choisi un costume passé de mode depuis tant de temps : voyez si les habits que je porte ressemblent à ceux de feue ma belle-sœur. » — « J'avoue qu'abandonnant peu le château de mes pères, je n'étais pas au fait des usages du jour, je voulais que les charmes de ma nièce... »
— « C'est une plaisante folie ; est-ce que la jolie mine de cette enfant a besoin de cet attirail ridicule ? du basin, de la mousseline, des percales ; voilà ce qu'il lui faut ; j'ai avec moi une femme de chambre française qui taille une robe à ravir ; elle lui en fera, mais faites-la déshabiller tout de suite, si vous ne voulez pas qu'on se

moque de vous et d'elle. » Le Comte se rendit en soupirant à l'avis de madame de Schendal; ce n'est pas qu'il n'eût grande envie de dire qu'il croyait la magnifique robe de velours plus propre à rendre amoureux le jeune baron de Schullestein, et par conséquent à ramener au gîte un voyageur qui s'en était éloigné depuis plusieurs siècles.

La venue de la Comtesse priva son frère du plaisir de conduire l'orpheline au manoir; celle-ci y fut toute seule; ce n'était pas ce qui lui plaisait le moins. Mais si Louise aimait Hélène, chaque jour voyait augmenter son éloignement pour Charles, qui, de plus en plus, devenait le tyran de la petite société. Poussé par un intérêt irrésistible, le fils du pasteur, se montrant insensiblement moins sauvage, cherchait à rencontrer les deux amies; ce ne lui était pas difficile. Elles, de leur côté, aimaient aussi à se rapprocher de lui : toutes les deux admiraient sa franchise, son bon naturel, sa gaieté sans prétention, et surtout la noble fierté de son âme : jamais sa tête ne s'inclina humblement; toujours elle était relevée avec une modeste dignité ; certes, si les hommes ont dans leur caractère, ou dans leur figure, un trait de ressemblance avec les animaux qui après eux peuplent la terre, il fallait aller chercher dans l'aigle altier celui qui devait s'appliquer à Léopold.

Charles, sans se rendre compte de ses sentimens, devenait jaloux de son compagnon : il était en rivalité avec lui, soit pour conduire la jeunesse du village, soit pour amuser mademoiselle d'Hertal; leurs querelles recommençaient sans cesse, et les amies avaient grande peine à les engager à vivre au moins politiquement. Plus d'une fois la mauvaise humeur de Schullestein retombait sur Hélène et sur Louise; il les querellait comme s'il eût été leur maître, et on le vit même dans diverses circonstances les empêcher de sortir, afin que Léopold, qui rôdait autour de la maison, ne pût les rencontrer. Les amies souffrirent ces marques de taquinerie avec douceur : Hélène redoutait son frère, et Louise entendait tous les jours son oncle lui dire : « Sois polie, sois bonne pour M. le baron Charles de Schullestein. »

CHAPITRE XI.

◊

L'amour se plaît dès sa naissance
A troubler le repos du cœur,
Et la première adolescence
N'exempte pas de sa fureur.
GALLANT.

◊

LE jour où la comtesse de Sebendal arriva chez son frère, Louise, comme nous l'avons dit, s'en fut, après qu'on l'eut déshabillée, au grand mécontentement du Comte, rejoindre Hélène qui l'attendait. Comme elle sortait du château, elle rencontra dans l'avenue Léopold, qui s'empressa de venir à elle; il avait passé dans son bras deux couronnes d'églantines et de roses, et sur-le-champ il offrit la plus belle à l'Orpheline. Pour la première fois, peut-être, elle l'accepta en rougissant, et s'en para de suite. Léopold demeura frappé de la voir si charmante ; il tressaillit,... et l'amour, dès ce moment, décida que le cœur du jeune homme ne tarderait pas à lui être soumis. Louise, enchantée de sa couronne, qu'elle trouvait extrêmement jolie, en fit d'affectueux remercîmens à Léopold, et celui-ci, par une hardiesse inaccoutumée, lui demanda la permission de lui offrir son bras pour venir avec elle au-devant d'Hélène, qui s'avançait accompagnée par son frère. Louise ne crut pas devoir refuser cette faveur à celui qui venait d'ajouter un si agréable ornement à sa parure, et qui allait en donner autant à mademoiselle de Schullestein. Elle le remercia, et, avec satisfaction, elle prit la main qui lui était offerte.

Charles, dont les regards étaient conduits par la passion la plus clairvoyante, vit de loin ce qui venait de se passer, et son cœur impétueux se souleva d'indignation.

Ne pouvant se commander à lui-même, il s'avança d'un air irrité vers le couple qui respirait en ce moment l'allégresse la plus pure, et s'adressant au jeune Reich, il lui demanda d'où lui provenait tant d'audace, et comment il osait prendre le bras de mademoiselle la baronne d'Hertal. Les jeunes amies devinrent toutes tremblantes. Cette brusque interpellation produisit l'effet d'un coup de foudre. Hélène, par un mouvement précipité, essaya de retenir son frère.

Léopold, vivement piqué d'un pareil outrage, sentit un feu soudain s'allumer dans ses veines; ses yeux étincelèrent, son corps trembla ; néanmoins, remarquant la pâleur des jeunes personnes, il se contint, et répliqua d'une voix assez douce, qu'admis à partager les jeux de mademoiselle d'Hertal, il avait cru pouvoir lui demander la faveur de la conduire; « d'ailleurs, ajouta-t-il, si j'ai eu tort, ce sera, je pense, à son oncle ou à sa gouvernante à m'en faire apercevoir. » Ceci ne satisfit point Schullestein. « Ni l'un ni l'autre, répliqua-t-il, n'ont été témoins de votre hardiesse; aussi ne pourront-ils pas la réprimer; et cependant elle le devait être. »

— « Vous vous êtes cru chargé d'un soin qui ne vous convient en aucun titre : quels droits avez-vous pour vous déclarer ainsi sans motif, le protecteur d'une personne que je me flatte savoir respecter au moins autant que vous pouvez le faire. » — « Le droit acquis à tout gentilhomme de donner des leçons à un paysan qui s'oublie, partout où il le rencontrera. » — « Le paysan, répondit Léopold avec impétuosité, est bien au-dessus d'un gentilhomme, si l'apanage de celui-ci est la grossièreté. » — « Que dis-tu, misérable ? dit alors Charles en s'avançant le poing fermé contre Reich. » — « Moi, misérable ! s'écrie ce dernier; insolent, reçois le châtiment que tu mérites. »

Il dit, et, emporté par sa violente colère, il s'élance sur son rival, le saisit fortement par le collet de son habit et, l'ayant agité dans ses mains puissantes, le lance et le fait tomber rudement sur la terre. Ceci se fit avec une telle rapidité, que les jeunes personnes, effrayées de leur querelle, ne purent s'opposer à cette action. Hélène, en voyant la chute de son frère, courut à lui pour lui aider à se relever. Quelle fut sa terreur en lui voyant la figure couverte de sang; elle le crut dangereusement blessé, et, n'écoutant que sa tendresse, elle se mit à pousser des cris et à pleurer amèrement. Louise, de son côté, se trouvait tellement interdite, qu'elle ne pouvait quitter la place où elle était. Émue au dernier point, et fachée contre Charles, elle regrettait aussi que le méchant caractère de ce dernier eût éclaté dans cette circonstance, où Léopold lui paraissait jouer le rôle de ces héros dont sa gouvernante lui lisait quelquefois les aventures. Cependant, à la vue du sang qui coulait, elle retrouve assez de force pour dire au fils du pasteur :

« Reich, éloigne-toi, je t'en prie, tu lui as peut-être fait beaucoup de mal. » Léopold en même temps sentait son courroux s'éteindre pour faire place à la pitié : faisant quelques pas, il fut vers Charles pour l'aider à le relever; mais celui-ci qui ne se sentait pas blessé, voulant néanmoins tirer parti de cette circonstance, se mit à l'injurier de nouveau, et à se plaindre d'avoir reçu un coup mortel. A ces mots le désespoir d'Hélène augmente et Louise elle-même ne put s'empêcher de répandre des larmes. Plus que jamais elle supplia Léopold de s'éloigner. Ceci paraissait au bouillant jeune homme un acte de faiblesse; cependant il se résolut d'obéir aux instances de l'orpheline, et il se retira lentement, et comme un lion qui abandonne sa proie à regret.

Immédiatement après, le jeune Schullestein se releva, et feignant une grande faiblesse, il déclara qu'il ne pourrait revenir à la maison sans secours. Hélène alors, prenant sa course avec rapidité, courut chercher les domestiques de son père, après avoir recommandé à Louise de ne pas abandonner le pauvre souffrant. La malice de celui-ci était extrême : il savait très-bien que son nez seul ayant légèrement heurté contre une pierre, lançait ce sang qui effrayait les deux amies ; mais il en profita pour se répandre en invectives contre Reich, en le qualifiant d'assassin. Louise ne put non plus alors se taire :

« Vous avez grand tort, dit-elle, de maltraiter ainsi le courageux Léopold ; ne l'avez-vous pas outragé, n'avez-vous pas osé lui dire qu'il était un misérable. » — « Je le lui ai dit, je le lui répèterai encore, s'écria Charles tout en colère, puisque vous ne craignez pas de prendre sa défense ; oh ! je vois bien que vous le préférez à moi ; voilà en vérité un choix bien digne de la baronne d'Hertal ; un vagabond, le fils d'un ministre de village ! » — « Il est au moins mieux élevé que les fils de baron, répliqua-t-elle avec aigreur ; et, voyant Hélène revenir avec deux valets, elle s'éloigna sans même vouloir entendre Charles qui la suppliait de rester. On transporta ce dernier avec précaution jusqu'au manoir. Sa mère fut étrangement troublée à la vue de son fils chéri, qu'on lui rapporta tout sanglant; elle le crut atteint d'un coup mortel, et elle se livra à toutes les extravagances de la douleur maternelle. Le Baron, qui en ce moment rectifiait une erreur commise sur un quart de cercle, se dérangeant de cette occupation, partagea les craintes de sa femme. On s'empressa de coucher le jeune homme; on lui lava le visage avec précaution, et lorsqu'on crut découvrir le siége de la blessure, on ne l'aperçut nulle part, hors le nez qui était tout noir et légèrement enflé.

Madame Schullestein rassurée sur la suite de cet accident songea alors à en demander la cause. Hélène tout interdite n'osait la dire; Charles se chargea de ce soin : il raconta sa querelle avec le fils du ministre, mais il tourna les choses de telle manière que Léopold se trouvait le seul agresseur. L'orgueil de la Baronne se montra vivement offensé de l'audace du paysan : elle voulait que son époux fût sur-le-champ demander au ministre le châtiment du coupable, et elle le lui répéta plusieurs fois. Le

aron de son côté était bien disposé à le
ire ; mais en même temps il réfléchissait
ue, dans toute la contrée, M. Reich était
seul avec lequel il pouvait parler de sa
cience favorite, et qu'il se brouillerait sans
etour avec lui, s'il prenait cette affaire avec
rop de hauteur. La Baronne connut bien,
son hésitation, qu'il se passait quelque
hose d'approchant dans son âme, et elle
enouvela ses instances avec plus de viva-
ité.

« Eh bien ! madame, lui dit son mari,
vous serez satisfaite ; je voudrais pourtant vous faire observer que le ministre n'a eu personnellement aucun tort en ceci. C'est, je vous l'assure, un homme de la plus haute instruction, et s'il pouvait envisager le système de Ticho-Braé sous un autre point de vue, ce serait un des plus habiles astronomes de l'Allemagne. »
— « Il s'agit ici, monsieur, d'une insulte faite à votre fils, et non d'une opinion scientifique ; je vous déclare que si elle n'est pas vengée, je ne fais pas un point

de plus au meuble qui depuis des générations fait l'occupation de ma famille. Quoi! un roturier, un vil paysan aura frappé un gentilhomme, un baron de Schullestein, et il n'en sera pas puni! Je ne veux rien entendre avant que son châtiment n'ait réparé son action condamnable. »

Le Baron sentit alors qu'il n'y avait rien à répliquer; il prit sa canne, dans laquelle était enfermé une lunette acromatique, et s'achemina lentement vers le presbytère. Léopold s'y était déjà rendu, et dès le premier moment, il avait raconté à son père ce qui s'était passé; accoutumé qu'il était à ne déguiser aucune circonstance, il avait dit toute la vérité. Le ministre ne s'était que faiblement fâché; car, enfin, on avait traité son fils de misérable, et celui-ci ne pouvait décemment souffrir une pareille insulte. Il lui ordonna pourtant de ne pas sortir de la journée, et le fit retirer dans sa chambre, où Léopold ne songea qu'à l'inquiétude de la jeune Louise.

M. Reich ne fut donc que médiocrement étonné lorsque le Baron parut devant lui ; il se douta de ce qui lui amenait cette visite; néanmoins, il attendit en silence que le gentilhomme s'expliquât. « Monsieur le pasteur, lui dit enfin ce dernier, c'est une pitié que la plus noble des sciences ne soit pas la plus généralement goûtée ; je fais l'impossible pour en inculquer les premières notions à mon fils, et j'ai la plus grande peine à les lui faire comprendre. Ce sera donc avec un vif chagrin, que je le verrai contraint à interrompre pour quelques jours ces importantes études, votre fils l'ayant méchamment frappé comme peut-être déjà en avez-vous connaissance. La baronne, qui ne sait pas combien Ptolémée vous paraît méprisable avec ses rêveries, demande de votre part une légère satisfaction; moi-même je devrais la réclamer sans doute, mais, avant tout, je voudrais nous entendre sur les opinions de l'astronome danois, et si vous le voulez... »

— « Monsieur, repartit le ministre avec un imperceptible sourire, si mon fils avait tort je serais le premier à ordonner sa punition ; mais on a dû vous faire un récit infidèle de la discussion qui s'est élevée entre nos jeunes gens ; j'ose croire que votre fils, encore tout troublé, n'a pu exactement vous conter comme la chose s'est passée ; je la tiens de Léopold, qui n'a jamais proféré un mensonge ; je vais vous la raconter, vous pourrez ensuite questionner les jeunes baronnes qui étaient présentes toutes les deux, et puis je m'en rapporterai à vous pour savoir lequel, de votre fils ou du mien, serait en droit de demander des réparations à l'autre. » Le ministre alors redit ce qu'il savait, et mit dans son récit cette chaleur, cette clarté, apanage de la vérité seule. A mesure qu'il parlait, la conviction intime entrait dans l'âme du Baron ; il voyait bien que Charles avait tous les torts dans cette affaire, et puis trouvant le Pasteur disposé sans doute à l'écouter à son tour, il crut le moment favorable pour lui parler d'une planète qu'il se flattait avoir découverte, et à laquelle il avait bonne envie de donner son nom.

Le ministre le voyant en de telles intentions, consentit volontiers à entamer cette conversation nouvelle; en digne père d'ailleurs, et pour ranger tout-à-fait le Baron de son parti, il lui avoua, sous le sceau du secret, que Léopold ne s'était montré jaloux de Charles, que parce qu'il croyait être surpassé par lui dans la première des sciences, comme l'appelait Schullestein. Cet aveu charma tellement l'astronome, qu'il fut le premier à dire qu'on devait oublier le passé, et après avoir causé au moins deux heures sur la même matière, il s'en retourna au manoir. La Baronne, dont la colère n'était pas encore apaisée, l'attendait avec impatience. D'aussi loin qu'elle le vit, elle lui demanda : « Eh bien ! M. le pasteur s'est-il rangé à son devoir; l'insolent jeune homme sera-t-il puni comme il doit l'être? »

—« Madame, je dois vous faire observer avant de vous répondre sur ce dernier point, que l'émulation est chez les hommes la première vertu; c'est même une sorte de jalousie permise, car enfin on ne peut voir avec plaisir son compagnon vous surpasser dans l'étude à laquelle on s'adonne comme lui. Léopold aime passionnément l'astronomie, il sait que Charles y fait des progrès rapides, et alors il en est un peu fâché. » — « Qu'a de commun cette science dont vous me parlez sans cesse, avec l'insulte faite à mon fils : sera-t-il ou non vengé? » — « Je n'ose vous le promettre; le ministre, qui d'ailleurs est convaincu de ma dernière découverte, m'a raconté les faits d'une manière si différente de celle dont Charles vous a parlé, qu'il sera difficile d'amener à des excuses ou à des châtimens un jeune homme de la plus belle espérance, et qui explique le système de Copernic comme je le ferais moi-même; vous sentez bien qu'alors votre fils n'a pas dû le traiter de misérable ;

ce titre ne convient pas à un Copernicien. »

On doit croire que la Baronne se montra étrangement courroucée d'un semblable discours; elle se promit de ne remettre plus à son époux le soin d'une telle vengeance, mais de la réclamer du comte d'Altorn lui-même. Elle n'avait pas tardé à s'apercevoir combien il avait de déférence pour toutes ses volontés. Malgré le désir qu'elle avait de lui en parler promptement, elle en fut détournée par la nouvelle qu'elle apprit de la venue de la comtesse de Sebendal au château. Ces dames s'étaient autrefois connues, et elles n'étaient pas amies; ce ne fut pas cependant un obstacle à la visite qu'elles se firent réciproquement; mais la baronne ne voulut pas donner à la comtesse le plaisir de voir qu'elle avait besoin d'un Altorn pour venger un Schullestein.

CHAPITRE XII.

*Je vais revoir ces lieux charmans,
Ces lieux témoins de mon enfance.*
Romance de L'AUTEUR.

LOUISE, épouvantée de l'action virile de Léopold, s'en retourna au château dans un état de trouble facile à se représenter ; mais, loin d'en vouloir au brave jeune homme, elle était seulement blessée de la hardiesse de Charles et du droit qu'il s'était arrogé. Elle ne pouvait concevoir où était l'inconvenance de prendre le bras de celui dont on partageait les amusemens, et trop jeune encore, elle n'était pas éclairée sur le sentiment de secrète jalousie qui avait principalement guidé les deux champions en

ette rencontre. Quoique madame de Se-
endal eut toujours traité Louise avec une
xtrême indifférence, celle-ci fut joyeuse
le sa venue en ce moment. Elle ne pou-
ait se dissimuler que Charles chercherait
se venger, et même elle redoutait le
anger qui pouvait être la suite de sa
lessure. Sa tante, chez laquelle elle se
endit en rentrant, lui fit des amitiés aux-
uelles elle n'était point accoutumée ;
iais cette bonne volonté dura peu ; la
omtesse reprit avec elle, dès le lendemain,
on indifférence ordinaire.

Dans la même soirée, Louise trouva le
noyen de s'échapper un moment, et de
ourir chez Hélène, afin d'apprendre quel
tait l'état de la santé du jeune baron. Ce
ut avec un vrai contentement qu'elle le
it lui-même ayant à peine la marque de sa
hute, et sans aucune blessure à redouter.
et aspect augmenta l'éloignement de
ouise pour le jeune homme. Elle ne put
ui pardonner sa dissimulation et le men-
onge dont il s'était servi pour ajouter à

leur effroi ; elle était dans ces dispositions, lorsque la Baronne, survenant, s'adressa à elle, et lui fit subir un interrogatoire au sujet de la querelle qui avait eu lieu. Louise, loin d'être intimidée par la présence de Charles, raconta naïvement comme la chose s'était passée ; son âme s'exaltait à mesure qu'elle faisait le récit ; alors il lui semblait qu'elle remplissait le rôle de l'ange protecteur de Léopold, et qu'elle devait confondre le mauvais génie qui était représenté par Schullestein. Vainement ce dernier essaya à plusieurs reprises de lui faire changer de langage, elle répliqua à tous ses argumens, et prouva même à la Baronne que son fils chéri avait tort. Néanmoins, loin de vouloir en convenir, elle eut l'air d'être plus irritée.

« Je n'ai, dit-elle, aucun droit sur mademoiselle d'Hertal, mais quant à vous, ma fille, (poursuivit-elle en s'adressant à Hélène), je vous défends de jamais parler au jeune Reich, ni même de souffrir qu'il vous approche. » Cette injonction désagréable à Hélène retentit plus péniblement encore dans le cœur ingénu de Louise; car si son amie ne pouvait plus converser avec Léopold, elle toute seule n'oserait point désormais prendre cette liberté. Charles témoigna par ses gestes la joie qu'il éprouvait de l'expression de la volonté de sa mère; il se promit de veiller à ce qu'elle fût exécutée, et plus il en disait, et plus Louise le haïssait davantage. Elle s'en revint plongée dans un extrême chagrin.

Le jour suivant, elle parut peu curieuse de quitter le château, et elle demeura auprès de sa tante; celle-ci, l'examinant avec attention, s'écria à plusieurs reprises « Elle sera jolie, très-jolie, je vous l'assure mon frère, elle pourra dans deux ans faire sensation à la cour; je me charge de l'y conduire, et vous verrez si ses charmes ne nous aideront pas à assurer son établissement. »

La chose importait peu au Comte : ce n'était pas à la cour qu'il voulait envoyer sa nièce : en la perdant, il eût perdu l'espérance dont il se berçait, aussi ne jugea-t-il pas convenable de répondre affirmativement à madame de Sebendal. Il se leva et lui rappela qu'il fallait aller chez la baronne de Schullestein.

« Je le veux bien, dit-elle; allons la voir cette chère femme : est-elle encore aussi ridicule? son meuble éternel l'occupe-t-il toujours? » — « Elle y donne tous ses soins, ma sœur, et rien ne peut valoir un si agréable délassement, car elle s'occupe de sa famille. » Ils cheminèrent le reste de la route sans rien dire de plus, mais à leur arrivée dans le vestibule du manoir, le Comte saisit la main de sa sœur avec une telle vivacité que celle-ci s'en trouva effrayée ; sa peur même augmenta lorsqu'il lui eut dit d'une voix altérée : « Le voilà, Comtesse ! le voilà ! » — « Qui ? dit-elle. » — « Le che... » — « Le chien enragé ! s'écria-t-elle sans laisser à son frère le temps d'achever son mot. O ciel ! où peut-il être? S'il s'approche de moi je suis perdue ! »

— « Eh! qui vous parle de chien. Je voulais vous montrer ce tableau vénérable, le portrait de notre illustre aïeul Othon le Hardi; qui, enlevé par une négligence sans excuse de la branche aînée de la famille.... » — « Vraiment, cela vaut bien la peine d'être regretté ! Mais c'est une chose horrible que cette peinture et le hideux fantôme qu'elle représente. » — « Hideux fantôme ! ma sœur, pour deux mille ducats je n'eusse pas voulu tenir un propos semblable; nous descendons, vous et moi, en ligne directe de ce preux chevalier que vous offensez si gratuitement. »

Le ton du Comte en parlant ainsi était tellement grave, que madame de Sebendal, qui riait intérieurement, eut néanmoins quelque peine de l'avoir provoqué; aussi, pour se rapatrier avec son frère, elle rejeta sur la frayeur qu'elle avait eue mal à propos, des expressions dont elle réprouvait l'amertume. « A la bonne heure, dit Altorn, je ne vous en veux plus, puisque vous convenez que le noble Othon ne mérite pas d'être traité de fantôme. Il manque à ma collection ; mais, s'il plait à Dieu, j'espère négocier de telle sorte, que tôt ou tard il viendra y reprendre sa place. » Ici le Baron se présenta, et la conversation fut interrompue.

Dès que les dames furent en présence, elles volèrent, selon l'usage, dans les bras l'une de l'autre en se prodiguant les témoignages d'une amitié qu'elles ne ressentaient point. La Comtesse ne pouvait contenir son enthousiasme en examinant le meuble dont naguère elle s'était moquée ; jamais elle n'avait vu une composition plus riche, plus noble, et de meilleur goût ; de là, passant à la Baronne elle-même, elle vanta la fraîcheur de son teint, l'apparence de sa bonne santé, et répéta le compliment ordinaire qu'elle avait l'air à peine d'être la sœur aînée de sa fille. On doit croire que madame de Schullestein ne demeura pas en reste sur le même chapitre ; elle releva tous les avantages de la Comtesse ; et puis les serremens de main, les effusions, les exclamations réciproques recommencèrent de nouveau.

Dans la conversation, madame de Sebendal ne manqua pas de s'apitoyer sur la vie retirée que menait madame de Schullestein; elle déplora son absence de la cour, où elle eût tenu la première place. De ce thème elle partit pour lui apprendre la faveur où elle, comtesse de Sebendal, était montée, et lui fit entrevoir jusqu'où elle pouvait parvenir encore. La Baronne, avec une vive sensibilité, remercia son amie des offres qu'elle voulait bien lui faire, l'assura que, par goût, elle préférait la retraite où ses occupations devaient un jour être profitables à sa famille; elle parut redouter pour la Comtesse la versatilité des princes, et en termes autant affectueux qu'expressifs, elle eut soin, pour répondre à l'insolence de la protection qu'elle lui offrait, de lui faire entrevoir la possibilité de sa chute prochaine.

A la suite de cette conversation, ces dames se séparèrent encore plus aigries l'une contre l'autre. « Voyez cette orgueilleuse ! disait la Baronne lorsqu'elle se trouva seule avec son époux, voyez quel empressement elle a mis à nous apprendre la faveur dont elle jouit ! à quel prix l'a-t-elle achetée, Dieu le sait, et je doute qu'il lui en tienne compte. La voilà bien avancée parce qu'elle a placé avantageusement son fils ! eh bien ! mon Charles ne sera jamais au service de personne ; il sera son maître, et point ou soldat ou chambellan ; il vivra dans sa demeure ; et un jour la compagne que nous lui choisirons, unissant ses efforts aux miens, terminera ce meuble sans pareil, sur lequel dans mes vieux jours je me reposerai avec délices. »

La Comtesse, de son côté, en s'en allant, disait à son frère : « La Baronne est toujours la même, ses métiers à broderies lui tournent la cervelle. Pauvre femme ! elle doit passer une bien triste vie, et elle place singulièrement sa vanité. »

Tandis que ces événemens se passaient, Léopold, fâché de ne pas s'être mieux con-

tenu, errait tout à l'entour de l'habitation de
Louise, mais elle ne paraissait plus. L'orpheline n'osait point quitter sa tante, et redoutait également que le Comte, instruit de la querelle de Léopold et de Charles, ne lui reprochât de l'avoir provoquée, et elle demeurait renfermée dans le château. Deux ou trois jours se passèrent ainsi ; enfin Reich, lassé d'une attente vaine, essaya de pénétrer dans le parc; le vieux Carl ne le lui interdisait pas, et il aimait Léopold beaucoup plus que le jeune Schullestein, qui, toujours plein de morgue et de suffisance, avait plusieurs fois insulté ce bon domestique.

La première fois que Reich entra dans le jardin, Louise s'y promenait avec sa tante; il ne crut pas convenable de s'approcher d'elles, et il continua de causer avec le jardinier. L'Orpheline l'avait reconnu, et elle sentit qu'une subite rougeur couvrait son visage; cependant elle chercha à tourner de ce côté les pas de sa tante ; celle-ci, en venant près de Léopold, demeura surprise de la taille élancée et de la physionomie heureuse du jeune homme; elle le regarda à plusieurs reprises, et, lorsqu'elle l'eut dépassé, elle demanda à sa nièce qui il était. « C'est le fils du ministre, repartit-elle, c'est l'ami de Carl, et il l'a été du baron de Schullestein. » La conversation en demeura là; la Comtesse songeant déjà à autre chose. Elle n'avait pas remarqué qu'en passant auprès de Léopold, Louise d'une voix basse lui avait dit : « Bonjour, Reich, » et que celui-ci lui avait répondu avec le plus expressif de tous les regards. Heureux à l'excès d'avoir l'assurance que la jeune Louise ne lui en voulait pas, Léopold tout transporté remit au lendemain une visite plus satisfaisante, et s'en retourna chez son père ne se doutant pas de ce qui l'attendait.

Il y avait un quart d'heure que son parrain, M. Schalborg, venait d'arriver, et cette fois, ce n'était pas pour faire au ministre une simple visite; il avait le projet d'emmener Léopold avec lui, pour l'envoyer achever ses études à l'université de Gœttingen, et de là lui faire commencer ses voyages. Reich ressentit une vive douleur en apprenant qu'il devait se séparer de son père, et celui-ci partagea ce chagrin. Ce qui ajoutait dans ce moment à la peine du jeune homme, était l'idée qu'il allait s'éloigner de Louise sans la revoir et sans la prévenir de son départ. Vainement il demanda que l'on retardât le départ jusqu'au surlendemain, le parrain fut inexorable, et le Pasteur n'osa pas se joindre aux prières de son fils.

Dès que la nuit eut couvert l'horizon, Léopold, s'échappant un moment sous le prétexte de faire une visite d'adieu à ses compagnons de délassemens, courut vers la demeure du jardinier Carl, et prit congé de ce vieilard en lui répétant mille fois que le voyage n'avait pas été prévu, qu'on l'avait surpris à l'improviste, sans lui donner le temps de se reconnaître, et il termina en priant Carl de raconter exactement la chose à la baronne d'Hertal, et de lui présenter ses hommages respectueux. Ce soin accompli, il s'en revint plus tranquille au presbytère, et lorsque minuit sonna, il s'arracha des bras de son père qui lui donna sa bénédiction, et monta en voiture avec son parrain, qui plus d'une fois avait aussi versé des larmes durant cette scène déchirante.

Ce fut dans le village une grande nouvelle que celle du départ imprévu de Léopold Reich; aimé de tous, les regrets sur son compte furent universels; Louise surtout en ressentit une émotion qui lui parut étrange; ses yeux furent, en apprenant cet éloignement, comme frappés d'un éblouissement subit; elle les ferma avec précipitation, et en les rouvrant, il lui sembla que tout ce qui l'entourait ne présentait plus que la solitude d'un désert. Ce qui augmenta sa tristesse, ce fut la joie insolente de Charles. Celui-ci attribuait ce qu'il appelait une fuite, à la crainte où était Léopold d'être sévèrement puni de son incartade. Ce méchant garçon défendit à Hélène d'en témoigner le moindre regret, et il prit plaisir à tourmenter plus que jamais la pauvre Louise de ses empressemens et de ses actes tyranniques.

Ainsi s'écoulèrent plusieurs années ; Louise en grandissant devint d'une beauté remarquable ; le jeune baron, quoique accoutumé à la voir, éprouva pour elle ce sentiment d'amour commandé si impérieusement par ses irrésistibles charmes ; mais, quels que fussent ses soins, ils ne pouvaient plaire à l'orpheline ; elle ne le voyait qu'avec la plus complète indifférence : non que son cœur regrettât Léopold dont il avait presque perdu le souvenir, mais par la raison qu'elle était continuellement témoin des violences et des défauts de Charles, que personne ne pouvait chérir.

LETTRE PREMIÈRE.

LÉOPOLD REICH A LUCIEN BLOURKEN.

Oui, cher Lucien, je songe avec ravissement au jour qui me ramènera dans le village qui m'a vu naître : plus j'ai vu l'étranger, comme le dit le célèbre Voltaire, plus j'aimai ma patrie. Je viens de parcourir la belle Italie, le pays des arts, du goût et de l'imagination ; eh bien ! je la quitte avec transport : ses sites heureux, ses villes magnifiques, ses incomparables monumens ne me disent plus rien ; ils s'effacent quand je songe à la maisonnette paternelle, ombragée du côté de la cour par trois tilleuls énormes, sous lesquels, bien souvent, mon père et moi avons pris nos repas ; je songe avec transport au lac qui s'étend derrière notre jardin, à ce lac dont les eaux claires réfléchissent les bois, les montagnes voisines et le vaste château d'Obernof. Oh ! que ces souvenirs sont délicieux pour mon âme ! partout ailleurs, je me suis plu à passer; là, je voudrais habiter durant toute ma vie; là, je souhaiterais, au milieu de mes plus douces affections, de vivre inconnu au reste des hommes, de ne connaître jamais surtout ceux que tourmentent les vaines fumées de l'ambition.

Plus je vais, mon ami, plus je me sens de l'éloignement pour les grandeurs de la terre ; j'ai vu dans les cours tant de servilités, tant de chaînes, que jamais, il me semble, je ne me déciderais à les supporter. Si je l'eusse voulu, peut-être je pouvais courir la carrière de la fortune, je te l'ai appris, je t'ai marqué dans le cours de ma correspondance la singulière rencontre qui m'avait mis en rapport avec le prince héréditaire ; je t'ai confié combien mon cœur était disposé à le chérir tant que je l'ai cru mon égal, et comme je cherchais à le détourner de suivre les conseils perfides de cet Ernest de Mansdorf, véritable courtisan des pieds jusqu'à la tête, car il est faux, lâche, et bassement complaisant. J'ai vu ce traître tendre à notre ami tous les piéges de la scélératesse ; je l'ai vu l'entraîner vers une créature abandonnée de toutes les vertus de son sexe, et qui moi-même m'avait surpris ; j'ai vu enfin ce prince, qui se disait mon ami, écouter une vile courtisane et se détourner de moi, lorque je lui tendais les bras dans le Colysée. Ah ! qu'il fit bien ! que j'ai de grâces à lui rendre ! Peut-être me serais-je laissé prendre par ses paroles emmiellées.

Non, je ne pourrai jamais te rendre tout ce qui se passa dans mon cœur à ce moment heureux ou fatal. Fiorina m'y parut le mauvais ange, et jamais il ne trompa mieux le crédule mortel. Que je dois m'applaudir de ne pas m'être laissé éblouir par le brillant des fers qui m'étaient présentés ! d'ami du prince Henri, je serais devenu son serviteur ; il eût pensé, parlé, agi pour moi ; j'aurais dû me plier à tous ses caprices, m'humilier devant tous ses goûts, et, simple plébéien, à chaque quart d'heure, ou lui ou les autres m'eussent fait sentir ma dépendance, et combien je devais rendre de grâces à ma faveur. Voilà quel eût été mon esclavage, tandis que maintenant, libre dans l'univers, je suis l'égal de mes amis ; mes plaisirs sont les mêmes ; nulle dépendance, nulle gêne ne les attristent ; je puis aller, venir, penser, me taire, sans avoir des censeurs de ma conduite ou des surveillans de mes actions ; on n'empoisonne pas ou mes discours ou mon silence ; en un mot, je suis à moi, je m'appartiens tout entier.

Je n'ai pas, il est vrai, le bonheur extrême de dire *le prince mon ami*, de promettre ma protection, de vendre mon crédit. Fumée, que tout cela ! misérable chimère, indigne d'occuper un moment l'attention d'un homme d'honneur ! Te souviens-tu, cher Lucien, comme à Gœttingen nous nous moquions de ces apprentis courtisans, de ceux de nos camarades, qui, déjà ambitieux en perspective, avaient tant de considérations pour tous les nobles comtes, ces barons que toi et moi nous frottions d'importance, et auxquels nous enlevions tous les prix. Un des plus vifs chagrins de ma vie, que je pourrais comparer presque au désespoir que me causa mon éloignement d'Obernof, fut lorsqu'il me fallut te quitter. Hélas! nos cœurs étaient si bien faits l'un pour l'autre! il leur avait fallu si peu de temps pour s'entendre! Ah! que j'eusse voulu t'avoir pour compagnon de mes voyages! mon père ne s'y fût point opposé, mais le tien se montra inexorable; tu pris le chemin de Hambourg, et moi, je parcourus la route du Tyrol.

Mon parrain, vers lequel me porte aussi un sincère attachement, qu'il mérite par celui que je lui inspire, voulut que je voyageasse sous la conduite d'un gouverneur; il parlait de me donner deux domestiques. « Y pensez-vous, Schalborg! lui répliqua mon père; voulez-vous que nous perdions tout le fruit de nos travaux? Léopold prendra son cœur pour gouverneur; je l'engage à le consulter dans toute circonstance, non avec la bonne envie de le ranger du parti de ses passions, mais avec impartialité; je me flatte qu'il n'en recevra jamais que des avis convenables. Quant aux deux valets dont vous voudriez qu'il fût accompagné, vous ne songez pas que la nature y a pourvu en le munissant de deux mains dont il sait s'aider à merveille; il les trouvera toujours dociles, toujours empressées; ces serviteurs ne le tromperont point ou ne l'entraîneront pas dans de méchantes affaires; je souhaiterais même qu'avec une petite somme d'argent seulement suffisante à ce qu'il ne soit pas à charge aux autres, il s'armât d'un fort bâton, et fît sa course à pied; mais, ici, je n'ose me flatter que son parrain soit de mon avis; ainsi je laisse à Léopold la liberté d'aller en voiture si l'envie lui en prend. Je lui observerai seulement, que lorsque des chevaux nous emportent, on ne songe guère à profiter de la route ; enfin je lui recommande de nous revenir tel qu'il est à cette heure, et nous nous applaudirons de notre confiance en lui. »

Ainsi me parla mon excellent père : je partageais en tout ses idées; mais dans la crainte de fâcher mon parrain, qui se montrait plus faible, je pris la diligence publique, et je me séparai d'eux l'âme déchirée de ces pénibles adieux. Lorsque je me fus lancé dans ma course, plus d'une fois je suivis le conseil paternel; je mettais pied à terre; je voyais de cette manière ce que je n'eusse aperçu qu'imparfaitement. Je saisissais la physionomie du peuple ; car enfin, je ne voyageais pas seulement pour admirer des sites pittoresques, des édifices imposans ou les chefs-d'œuvre des arts ; je devais aussi étudier le pauvre, ses habitudes, ses vices, ses qualités. Je ne te manderai pas de nouveau tout ce que je t'ai écrit en diverses fois; mon ami ne sera pas assommé des redites d'un modeste voyageur; je ne lui parlerai aujourd'hui que du bonheur qui se prépare pour moi, celui de revoir mon père après dix années d'absence. O Lucien! conçois-tu ce bonheur? Je cachais au fond de mon âme une terreur cruelle, je tremblais de ne pas retrouver ceux que j'aime si tendrement, je redoutais une séparation éternelle : il n'en est rien : je les embrasserai tous les deux ; je dis tous les deux, car mon parrain a aussi une place première dans mes affections. Il m'a écrit avec le plus grand soin tout le temps de mon absence ; ses lettres douces et affectueuses me le faisaient adorer : il n'est pas beau aux yeux du monde, mais que son âme est noble, est grande, est pure! Ah! celle-là, plus que toutes les autres, a reçu sa naissance du souffle de la Divinité.

Je me rappelle aussi tous les compagnons de mon enfance ; je ne suis point indifférent au plaisir de me retrouver parmi eux ; peut-être aussi la jeune baronne d'Hertal sera-t-elle encore au château de son oncle.

Je t'ai parlé, je crois, de cette aimable personne vers laquelle me portait alors mon âme. Vivrais-je dans son souvenir? M'aurait-t-elle oublié? Sera-t-elle l'épouse de ce Charles de Schullestein qui m'insulta, et que je traitai si durement à cause d'elle? Tu vas rire, Lucien ; eh bien, je t'avoue que je serai fâché si j'entends dire que mademoiselle d'Hertal.... Allons, allons, à quoi vais-je songer? me siérait-il, au moment où je m'élève contre les chaînes de l'ambition, de me préparer à vouloir en prendre de plus pesantes encore?

Changeons de propos : je vais répondre au dernier article de ta lettre. Tu me demandes si je passerai à la résidence, et si je chercherai à voir le Prince régnant; si je serai curieux de connaître s'il m'a totalement oublié? Non, mon ami, non : je ne m'amuserai pas à me convaincre d'une certitude. Qui, moi! je me bercerais de l'idée que le prince Henri a pu conserver un souvenir de m'avoir rencontré dans son voyage d'Italie! Non, je ne m'aveugle pas à ce point. Je sais qu'à Rome il m'a méconnu dans le Colysée; en agirait-il autrement dans son palais? D'ailleurs, pour quel motif irais-je tenter cette expérience. Voudrais-je maintenant obtenir par mes importunités ce qu'il m'offrait autrefois de bonne grâce ? Crois-tu que je change ainsi de résolution et de caractère? Détrompe-toi; je suis toujours le même : c'est vers Obernof où tout m'attire; je ne veux même pas traverser la résidence. Adieu; quand tu liras ceci je serai dans les bras de mon père! Toi, qui n'as pas quitté le tien, tu ne peux te figurer toute l'allégresse que ton Léopold éprouve. Oh ! pour jouir de tous les biens à la fois, que ne peux-tu assister à ce moment plein de charme! ce serait bien alors que je n'aurais plus de vœux à former. Adieu encore une fois, aime-moi autant que je t'aime.

CHAPITRE XIII.

*Un mot, un regard, moins encore,
Allument dans un jeune cœur
Cette flamme qui le dévore.*
Recueil des Jeux Floraux.

Un temps assez long s'était passé depuis le départ de Léopold pour l'université de Gœttingen, jusqu'à son retour d'Italie. Durant cette époque, comme nous l'avons déjà dit, Louise était parvenue au période de sa beauté, et Charles de Schullestein, devenu homme fait, soupirait maintenant pour elle. Le Comte, qui n'avait pu encore obtenir le don du portrait de son aïeul Othon le Hardi, surveillait attentivement les progrès de cette tendresse dont il se promettait les plus heureux résultats. Chaque année il économisait sur ses revenus une assez forte somme, qui devait servir de dot à sa nièce, tandis qu'il regrettait presque autrefois la plus médiocre dépense faite pour elle ; maintenant, il avait changé d'idée ; voilà les hommes, ils font tout pour leurs passions, et rien pour la vertu.

Madame de Schullestein s'apercevait bien aussi de l'attachement de son fils pour la jeune Baronne, et elle ne la voyait pas avec la satisfaction du comte d'Altorn. Elle eût bien voulu y mettre des obstacles ; mais le plus grand, sans doute, eût été d'éloigner son fils, et elle ne pouvait s'y déterminer. D'un autre côté, Louise, se conformant aux ordres secrets de son oncle, se rendait exactement tous les jours chez la Baronne, et, se plaçant à l'un des métiers, elle l'aidait dans son grand ouvrage ; la dame était forcée de convenir que le point fait par Louise était d'une rare perfection, et à ses yeux ce n'était pas un mérite médiocre. Elle se disait quelquefois qu'avec une belle-fille comme mademoiselle d'Hertal sa besogne serait entièrement terminée dans un assez court espace d'années ; et cette secrète pensée la faisait d'ailleurs mollir dans ses résolutions.

Il était également impossible de vivre journellement avec Louise sans éprouver pour elle une parfaite amitié ; tout en elle attachait : sa grâce, sa modestie, sa douceur inaltérable, sa bonté parfaite. Elle était parvenue à engager son oncle à répandre ses bienfaits sur les indigens, et on la nommait dans la contrée la mère des pauvres. Quel titre eût été supérieur à celui-là. Charles cherchait auprès d'elle le secours de sa sœur, mais vainement Hélène priait pour son frère. L'âme de Louise ne s'ouvrait pas pour lui. Néanmoins elle cachait sa froideur sous les dehors les plus aimables ; aussi la Baronne était-elle persuadée qu'elle répondait à la tendresse de son fils. M. de Schullestein était le seul de toutes ces personnes qui ne se mêlait pas de cet amour. Enfoncé dans sa correspondance avec tous les astronomes de l'Europe, il s'occupait alors d'un ouvrage qui devait, selon lui, reculer les limites de la science. Il prétendait avoir découvert que les comètes étaient non des terres solides ou enflammées, mais d'immenses océans qui erraient au hasard dans le vaste espace de l'univers. Ce système lui avait paru lumineux : par lui il expliquait le déluge de la Genèse et la chevelure des comètes. Aussi on aurait marié son fils et sa fille qu'il eut à peine demandé les noms de leurs conjoints. Ses égards pour le pasteur avaient également d'autant plus augmenté que celui-ci, toujours rempli de complaisance et de politesse, se montrait disposé à écouter les rêves du système inventé par le baron, et que des extravagans devaient renouveler depuis.

Quel que fût l'éloignement que Louise éprouvât pour Charles, elle voyait avec le plus poignant des regrets, que son hymen avec ce jeune homme était une chose presque décidée. Le comte d'Altorn lui en avait parlé assez clairement, et elle cherchait en vain autour d'elle une amie qui pût lui servir de protectrice en ce moment pénible. Elle avait bien quelquefois la pensée de s'adresser à madame de Sebendal; mais cette femme lui avait paru si froide, si indifférente à ses intérêts, qu'elle ne pouvait pas se flatter d'obtenir son appui dans une circonstance où naturellement elle devait s'attendre à voir tout le monde contre elle. Ne lui représenterait-on pas qu'orpheline et sans fortune, il fallait regarder comme une faveur de la Providence, l'amour du baron Charles, qui, en lui faisant faire un mariage avantageux, sous le rapport de la naissance, la plaçait encore dans une position à laquelle elle ne devait nullement prétendre.

Tandis qu'elle déplorait son sort, Charles, chaque jour, devenait plus empressé auprès d'elle. La dernière espérance de Louise était en madame de Schullestein, et elle s'enleva cet appui elle-même par la manière admirable avec laquelle elle nuança l'écusson des armoiries de la famille de Lichtestein. Depuis cet instant, la Baronne fut entièrement subjuguée, et elle ne souhaita plus d'autre belle-fille que Louise. Hélène voyait bien le chagrin de son amie; il lui était facile d'apercevoir que l'orpheline ne chérissait pas son frère; cependant elle ne négligeait rien pour la porter à lui devenir favorable; elle aurait eu tant de joie de l'avoir pour sœur! elle essayait de changer ses dispositions, mais ses soins étaient inutiles. Louise se taisait ou répandait des larmes amères.

Les choses en étaient ainsi lorsqu'un jour le ministre Reich vint au château rendre au Comte sa visite de la semaine. Il trouva le suzerain dans la salle de famille, et, après les premiers complimens, le maître de la maison demanda, par forme de conversation, des nouvelles du jeune Léopold, qui maintenant, dit-il, devait être un homme. « Je l'attends, repartit le Ministre, demain ou après-demain: il a enfin terminé ses voyages, et je brûle de le voir se reposer auprès de moi. » — « Ce sera une grande satisfaction pour votre cœur, reprit le Comte; je vous prie d'être convaincu de la part que je prends à cet heureux retour; j'espère que vous me l'amènerez, je serai charmé de le revoir. »

— « J'aurai d'autant plus de plaisir à le faire, dit le Ministre, qu'à part celui qu'il aura à vous être présenté, il en trouvera encore à admirer votre précieuse collection. Il revient d'Italie, et dans le pays des beaux-arts il a étudié la peinture. J'ai reçu dernièrement son portrait à l'huile peint par lui-même, et je puis assurer qu'il annonçait un assez beau talent. » — « Il peindrait le portrait, monsieur Reich! que me dites-vous là? Mais vraiment c'est une chose admirable! Ne manquez pas, mon cher pasteur, à m'amener votre fils; je désire vivement juger de ses progrès par moi-même. » Le Ministre s'aperçut aisément qu'il avait touché la bonne corde, et que son fils serait bien accueilli.

Son propos cependant faisait fermenter les idées du Comte; elles se présentaient à lui en foule. Déjà il formait le projet de se faire peindre par Léopold, et même il allait plus loin, car il cherchait par quelle ruse il pourrait engager le jeune homme à faire une copie du portrait du comte Othon le Hardi, et à tourner l'esprit de la Baronne de manière à ce qu'elle le pût permettre. Un pareille fortune lui semblait parfaite, et, si elle eût réussi, le mariage de sa nièce avec Charles lui eût paru moins nécessaire. Lorsque M. Reich se retira, Altorn se mit à l'accompagner, voulant, disait-il, faire un peu d'exercice, et tout en causant il arriva jusqu'à la porte du presbytère.

« Parbleu ! dit-il alors, puisque je suis venu jusqu'ici, je profiterai de la circonstance pour admirer sans retard les talens de votre fils; voulez-vous me montrer le chef-d'œuvre qu'il vous a envoyé ? » Le Pasteur n'eut garde de le refuser, et le Comte entra dans le petit salon où était appendu l'ouvrage de Léopold. Ce n'était pas sans doute une peinture du premier ordre ; mais néanmoins on y remarquait une bonne correction de dessin, et un excellent coloris. De plus habiles amateurs que le

Comte en eussent été satisfaits ; aussi lui s'en montra-t-il enchanté : il pouvait à peine revenir de sa surprise, et sa satisfaction perçait dans ses regards. A peine avait-il dans toute sa collection quelques tableaux qui pussent souffrir la comparaison avec celui que Léopold avait peint; aussi ne fut-il pas avare des justes éloges que cet artiste méritait si bien. Il renouvela plusieurs fois au Pasteur l'invitation de conduire son fils au château dès qu'il serait arrivé, et se retira enfin tout occupé de ses nouvelles pensées, et se félicitant d'avoir sous sa main un peintre de cette force.

Dans sa joie, il passa chez la Baronne, et, en croyant dire la chose la plus indifférente à celle-ci, il lui annonça le retour du fils du Ministre. En écoutant ce récit, madame de Schullestein s'écria : « Qui donc peut amener ici cet insolent jeune homme? Je croyais que son père lui ferait apprendre un métier car il ne peut être bon qu'à cela je pense. » — « Vous êtes dans une étrange erreur, madame, répliqua le Comte tout surpris de cette sortie à laquelle il ne s'attendait pas et dont il était alarmé sans trop savoir pourquoi. Le Pasteur est un homme bien né. Il a même de la fortune et son fils espère la riche succession de son parrain qui le mettra en position de faire une honorable figure dans le monde. D'ailleurs, il est par lui-même très-recommandable. Son éducation a été singulièrement soignée, et j'ose vous dire qu'il ne tiendrait qu'à lui de prendre place au rang des peintres les plus en réputation de l'Allemagne. » — « Cela par le fait m'est assez égal; mais ce qui ne peut me l'être est le souvenir de son audacieuse conduite envers mon fils : n'a-t-il pas eu, il y a plusieurs années, l'insolence de frapper le baron de Schullestein à la suite d'une querelle qu'ils eurent ensemble! vous devez penser que de pareils outrages ne s'oublient pas, et si par son brusque départ il n'eût quitté le village, je vous eusse demandé de le faire punir sévèrement. »

« Il n'y a pas de doute madame, repartit le Comte, que je ne me fusse empressé à vous complaire en toute chose. Mais beaucoup de temps s'est écoulé depuis lors. Léopold était bien jeune, votre fils l'était également; aujourd'hui je dois croire que ce dernier a généreusement pardonné, et que le premier, ayant acquis plus d'expérience, connaîtra ce qu'il doit à ceux que la naissance a rendus ses supérieurs. Je ne vous dissimulerai pas d'ailleurs que son oncle possède l'estime de toute la contrée; que j'ai pour lui une amitié particulière : ainsi je vous supplie de ne plus écouter votre ressentiment; le pardon convient aux grandes âmes, et il en est peu de plus élevées que celle de la baronne de Schullestein. »

Ce compliment assez adroit dans la circonstance, ne déplut pas à celle qui le reçut; elle sourit agréablement, ce qui donna au Comte le courage de continuer. Il avoua que le retour de Léopold lui faisait plaisir; « car, ajouta-t-il, il possède un talent véritable pour la peinture, et je me propose de l'utiliser quelquefois. » Depuis que la Baronne voyait Altorn, elle avait appris à le connaître, et elle apprécia toute l'importance qu'un peintre habile et complaisant devait avoir à ses yeux : elle cessa donc de se plaindre du jeune Reich, et elle tourna ses propos sur un autre sujet. Le Comte, plus que jamais, se félicita en lui-même de l'art avec lequel il avait écarté cet orage. Il ne lui était pas indifférent que le fils du ministre fût bien vu de la baronne ; car, si celle-ci se refusait à le recevoir par la suite, il fallait perdre l'espérance d'obtenir la copie du portrait d'Othon le Hardi.

Cependant, pour la première fois, il se contenta de ce qu'il était parvenu à faire, et il remit à une occasion plus opportune le moment de solliciter une entière amnistie.

Hélène se trouvait alors avec sa mère, et ce ne fut pas sans émotion qu'elle apprit le retour de Reich. Elle aussi avait conservé le souvenir de ce jeune homme : elle se rappelait son énergie, sa vivacité, l'extrême bonté de son cœur, et, plus que tout, elle redoutait qu'avec ces avantages il ne fît tort à Charles s'il revoyait Louise. Elle ne fit rien paraître de ce qu'elle pensait; mais elle attendit son amie avec impatience. Mademoiselle d'Hertal, nous avons oublié de le dire, était pareillement auprès du comte d'Altorn, lorsque le ministre lui fit part que son fils allait se rendre à sa tendresse. Le nom de Léopold, que depuis des années elle n'avait pas entendu prononcer, retentit dans son cœur d'une façon toute particulière: elle ne pouvait se rendre compte d'où provenait cette soudaine émotion, lorsqu'en levant les yeux et les portant par hasard sur une glace voisine, elle demeura frappée de la vive rougeur qui éclatait sur son visage; surprise de cet incident, elle en eut honte et se détourna pour que le Ministre et le Comte ne pussent pas s'en apercevoir. Cette précaution était bien inutile; ni l'un ni l'autre ne songeait à la regarder, tout occupés, le premier du plaisir de parler de son fils, le second de l'idée que sa collection pourrait s'augmenter, grâce à cette venue inespérée. Ils sortirent comme nous l'avons dit, et l'orpheline demeurée seule s'abandonna à ses rêveries; Charles s'y présenta plus que jamais d'une manière désagréable, et elle le compara à Léopold, auquel, par une bizarrerie ordinaire au cœur humain, elle prêta toutes les perfections dont elle dépouillait le baron.

Par un sentiment indéfinissable, elle ne voulut pas ce jour aller voir Hélène, selon sa coutume ordinaire; elle passa l'après-dîner à parcourir le jardin, et sa promenade la porta dans le pavillon chinois où elle aimait à se reposer. Elle y était depuis quelques minutes, lorsque de nouveau ses joues se colorèrent et ses genoux fléchirent un moment sous le poids de son corps. Qui pouvait en cette heure la tourmenter ainsi? Un incident bien naturel, une chose des plus simples, mais qui devenait importante par la circonstance actuelle. On se rappelle peut-être que la dernière fois que Louise avait vu Léopold, le même jour de la querelle de celui-ci avec Charles, elle en avait reçu une couronne de roses et d'églantines, qu'elle plaça sur-le-champ sur ses beaux cheveux. Après la scène qui eut lieu, elle se retira toute tremblante, et traversant le jardin, elle courut dans le premier mouvement s'enfermer dans le pavillon pour se remettre un peu de son trouble. Craignant d'être grondée par son oncle, et redoutant les railleries de madame de Sebendal sur ce que cette dernière appelait la parure pastorale de sa nièce, Louise avait quitté la couronne, cause première du combat des jeunes gens. Elle la suspendit à un ornement de la boiserie, et depuis elle y était demeurée. Louise par degrés avait cessé de s'en occuper entièrement Maintenant elle venait de frapper sa vue, et elle lui ramena l'image de tout le passé; elle la regarda à plusieurs reprises, et son cœur se complut dans cette dangereuse occupation; cependant il fallut s'en arracher.

Louise, au moment de sortir du pavillon,

porta sa main, par un mouvement involontaire, vers la couronne pour l'enlever du lieu où elle était; mais elle se recula plus vite encore, et, franchissant brusquement l'escalier, elle s'en revint dans la grande salle où son oncle se promenait avec plus de satisfaction que de coutume. Comme nous l'avons fait remarquer, les idées étaient promptes à naître dans l'imagination du Comte; une nouvelle l'agitait en ce moment. Dès qu'il aperçut sa nièce, « Louise, lui dit-il, tu as dû entendre, je pense, que le fils du pasteur est sur le point d'arriver; tu étais autrefois de bon accord avec lui, il partageait les jeux de ton enfance, et je me flatte que tu lui auras conservé ton amitié. Il sera, de son côté, empressé de te revoir, la chose est certaine; ne pourrais-tu pas, ma chère enfant, l'engager à te donner des leçons de dessin et de peinture? Je crois que tu ne pourrais qu'y gagner, car, avec ce talent, si nécessaire dans la position où tu te trouves, tu serais bien plus utile à la Baronne; et alors la décider..... Oui, je parie que Léopold ne refusera pas de te prendre pour son écolière. »

Il était loin d'imaginer, le Comte, l'effet que ce discours produisait sur mademoiselle d'Hertal, et combien, loin d'aider à la réussite de ses projets, il allait lui-même travailler à les détruire. Louise, tout interdite, baissant ses beaux yeux, retenant les palpitations de son sein, balbutia quelques mots inintelligibles; il lui fallut un peu de temps pour qu'elle se pût remettre; alors elle assura son oncle de son acquiescement à ses volontés, c'était ce qu'il prétendait.

Nous ne dirons pas quelles pensées ocpèrent Louise durant son insomnie de la nuit suivante, ni quels rêves la tourmentèrent lorsqu'elle eut enfin trouvé le sommeil ; ce sont les secrets du cœur de la beauté au printemps de la vie, mais que toute adolescente devinera avec facilité. Le lendemain l'Orpheline, malgré le trouble de la nuit, se leva plus fraîche et plus radieuse que l'aube matinale ; ses inquiétudes s'étaient dissipées ; elle ne voyait plus que des torrens de lumière dans l'avenir. Oh ! brillante imagination du jeune âge, avec quel attrait tu dores toutes les illusions de l'existence ! comme tu sais les représenter avec les plus éclatantes couleurs ! C'est pour toi principalement que le ciel créa l'espérance, et tu reçois d'elle tes premières, tes plus pures satisfactions.

Louise cependant se rendit chez la Baronne ; Charles et Hélène demeurèrent frappés de sa beauté surprenante : un instinct secret apprit à la jeune fille la cause du contentement de son amie. Elle n'avait pas encore questionné l'Orpheline, et déjà elle lisait dans son cœur mieux qu'ellemême, et elle regarda son frère comme perdu. Jusqu'à ce moment elle s'était proposé de parler de Léopold à Louise, mais elle y renonça. Avait-elle besoin d'acquérir de nouvelles preuves ? Celles qu'un coup d'œil lui avait procurées ne lui suffisaient-elles pas? Charles, qui ne possédait pas ce tact délicat, apanage principal des femmes, fut le premier à causer sur ce sujet.

« Eh bien ! Louise, dit-il d'un ton animé, vous savez sans doute que le fils du pasteur revient: on assure que, déchu des espérances qu'il avait conçues sur la fortune de son parrain, il a pris une profession lucrative, et qu'il s'est fait peintre de portraits. C'est, en vérité, ce qu'il avait de mieux à faire; il a dû, selon toute apparence, apprendre en même temps le respect qu'il doit à ses supérieurs, et, en adoptant la vie d'un artiste, il sera devenu humble et modeste comme eux. »

Ce propos grossier n'étant pas directement un interrogatoire, Louise se dispensa d'y répondre; mais Charles, une fois lancé, ne s'arrêta pas en si beau chemin; il outragea Léopold de toute manière, et parvint enfin à se rendre, par ses impudens discours, entièrement odieux à la baronne d'Hertal. Hélène, qui jugeait mieux des choses, cherchait vainement à détourner la conversation ; plusieurs fois même elle parla en faveur de Léopold, tandis que Louise continuait à garder un profond silence. Madame de Schullestein, dont, sur ce point, l'opinion était semblable à celle de son fils, s'offensa de ce que disait sa fille.

« Y songez-vous, Hélène ? est-ce à vous à prendre la défense de ce paysan ? Vous devriez en rougir, et mieux encore, imiter mademoiselle d'Hertal, et vous taire comme elle; certes elle ne vous eût jamais appris à défendre ainsi celui qui se montra insolent envers votre frère. »

Que la Baronne eût changé d'avis, s'il lui eût été donné de lire dans le secret de l'âme de Louise : le compliment de la dame fit rougir celle-ci, et Hélène, qui devinait ce qui agitait son amie, sourit à demi en écoutant sa mère. L'orgueil de Charles ne lui permettait pas de songer que le fils d'un obscur ministre dût être un rival redoutable pour lui : il avait oublié les marques de préférence visibles que Louise donnait à Léopold, ou, s'il s'en rappelait, ce n'était que comme de choses passées qui avaient dû cesser avec la fin de l'époque de l'enfance.

La conversation finit par le reproche adressé à Hélène, et nul des auditeurs ne la releva ; on demeura quelque temps en silence, et, l'heure de se séparer étant venue, Charles et Hélène sortirent pour remener Louise au château. Ce jour-là, le jeune Baron se montra plus empressé auprès de l'Orpheline, et même il se permit d'expliquer ouvertement ses intentions. Louise, effrayée de tout ce qu'elle prévoyait devoir être la suite d'une pareille déclaration, feignit constamment de ne pas le comprendre, et le quitta dès qu'elle put le faire sans trop d'affectation. Charles, attribuant à la pudeur alarmée la répugnance de mademoiselle d'Hertal, implora, après s'être séparé d'elle, le secours de sa sœur, lui disant qu'il était décidé à demander la main de la compagne de son enfance.

« J'espère, ma chère Hélène, que tandis que vous la prierez en ma faveur, vous ne négligerez pas de décider ma mère à seconder mes désirs. » — « Ceci, Charles, lui répliqua Hélène, me sera plus facile que le reste; à votre place, je remettrais encore à quelque temps la déclaration de votre tendresse et du but honorable vers lequel elle se dirige. » — « Et pourquoi retarderais-je l'époque qui doit assurer mon bonheur? Je veux qu'il naisse de mon union avec Louise; quels obstacles pourraient survenir désormais? Certainement la famille de mademoiselle d'Hertal ne balancera pas à m'être favorable; Louise est sans fortune, et celle que je lui peux offrir surpassera ses espérances; son oncle, par ses égards journaliers, me témoigne assez que cet hymen ne peut lui déplaire. Chaque jour, ma mère, qui d'abord en avait paru éloignée, prend de tendres sentimens pour celle que j'aime; ne lui avez-vous pas entendu dire l'autre jour : « Louise seule est capable de
» finir avec moi ce meuble, le plus beau

» comme le plus noble de toute l'Allema-
» gne? » et un pareil propos, dans la bouche
de la baronne, désigne clairement la bru
de son choix. »

Tant de confiance respirait dans ces paroles, Charles paraissait compter pour si peu les sentimens de l'orpheline, que sa sœur n'osa pas lui confier que ce serait d'eux, peut-être, que naîtraient les obstacles les plus difficiles à surmonter.

FIN DU PREMIER VOLUME.

TABLE DES CHAPITRES

CONTENUS

DANS LE PREMIER VOLUME.

	Pages.
Chapitre premier.	1
Chap. ii.	17
Chap. iii.	30
Chap. iv.	47
Chap. v.	65
Chap. vi.	84
Chap vii.	104
Chap. viii.	122
Chap. ix.	139
Chap. x.	159
Chap. xi.	175

	Pages.
Chap. XII.	190
Lettre 1ʳᵉ. Léopold Reich à Lucien Blourken.	204
Chap. XIII.	214

FIN DE LA TABLE DU PREMIER VOLUME.

OUVRAGES DE FONDS.

HISTOIRE MILITAIRE DES FRANÇAIS,

PAR CAMPAGNES.

PREMIÈRE LIVRAISON.

HISTOIRE DE L'EXPÉDITION D'ÉGYPTE ET DE SYRIE, par M. Ader; ornée des portraits de Bonaparte et de Kléber, des plans de la bataille des Pyramides et de la bataille d'Aboukir; des cartes d'Égypte et de Syrie. 1 vol. in-8. Prix : 6 fr.
Le même, 1 vol. in-18,   3 fr. 75 c.

DEUXIÈME LIVRAISON.

HISTOIRE DES CAMPAGNES DE FRANCE, en 1814 et 1815, par M. Mortonval; ornée de deux vignettes, dont une représente Napoléon sur le rocher de Sainte-Hélène, avec le plan des batailles de Paris, de Toulouse, de Waterloo, et d'une carte de France. 1 vol. in-8. Prix : 6 fr.
Le même, 1 vol. in-18,   3 fr. 75 c.

TROISIÈME LIVRAISON.

HISTOIRE DES GUERRES D'ITALIE, tome I, *Campagnes des Alpes*; par X.-B. Saintine; ornée des portraits de Kellermann et de Masséna, du plan de la bataille de Loano, et de la carte des Alpes. 1 vol. in-8. Prix :   6 fr.
Le même, 1 vol. in-18,   3 fr. 75 c.

QUATRIÈME LIVRAISON.

HISTOIRE DES CAMPAGNES D'ALLEMAGNE ET DE PRUSSE, de 1802 à 1806, par M. Saint-Maurice; ornée de portraits, plans et carte. 1 vol. in-8. Prix :   6 fr.
Le même, 1 vol. in-18,   3 fr. 75 c.

CINQUIÈME LIVRAISON.

HISTOIRE DES CAMPAGNES D'ALLEMAGNE, de 1806 à 1809, par M. Mortonval, ornée de portraits, plans et carte. 1 vol. in-8. Prix :   6 fr.

Le même, 1 vol. in-18,   3 fr. 75 c.

LA PEYRONNÉIDE, Épître à M. de Peyronnet, par MM. Méry et Barthélemy. Prix :   1 fr. 50 c.

LA VILLÉLIADE, ou la Prise du Château de Rivoli, poëme héroï-comique en cinq chants, par MM. Méry et Barthélemy; quatorzième édition.

ROME A PARIS, poëme en quatre chants, par MM. Barthélemy et Méry. In-8, sur beau papier. 8e. édition. Prix :   2 fr. 50 c.

ÉPITRE AUX CHIFFONNIERS, sur les crimes de la presse, par J. P. G. Viennet. Prix :   1 fr.

ÉPITRE A L'EMPEREUR NICOLAS, en faveur des Grecs, par M. Viennet. Prix :   1 fr.

REVUE POLITIQUE DE LA FRANCE en 1826, par l'auteur de la *Revue Politique de l'Europe en 1825*. 1 vol. in-8°. 2e. édition. Prix :   4 fr. 50 c.

POÉSIES, par madame *Amable Tastu*, 3e. édition, ornée de vignettes. 1 vol. in-18, grand-raisin vélin. Prix : 6 fr.

sous presse,

POUR PARAITRE

LE 25 FÉVRIER.

LA DAME DE SAINT-BRIS, chronique du temps de la Ligue, 1587, par M. Mortonval, auteur de *Fray Eugenio*, etc.; 4 vol. in-12.

LE 1er AVRIL.

CHRONIQUES DE FRANCE, poëmes, par madame Amable Tastu. 1 vol. in-8, grand papier vélin. (*Premier recueil.*)

IMPRIMERIE DE FAIN.

www.ingramcontent.com/pod-product-compliance
Lightning Source LLC
Chambersburg PA
CBHW060133170426
43198CB00010B/1136